AF522130

सोने का नेवला
एवं
महाभारत की असाधारण कथाएँ

सोने का नेवला

एवं

महाभारत की असाधारण कथाएँ

सुधा मूर्ति

प्र

प्रभात
प्रकाशन

प्रकाशक • **प्रभात प्रकाशन प्रा. लि.**
4/19 आसफ अली रोड,
नई दिल्ली–110002

संस्करण • 2025
अनुवाद • रचना भोला 'यामिनी'
मूल्य • तीन सौ पचास रुपए
मुद्रक • नरुला प्रिंटर्स, दिल्ली

SONE KA NEVLA
by Smt. Sudha Murthy ₹ 350.00
Published by Prabhat Prakashan, 4/19 Asaf Ali Road, New Delhi-2
e-mail: prabhatbooks@gmail.com ISBN 978-93-5266-278-4

कृष्णा खुराना,
यह विशेष रूप से आपके लिए है।

धर्मक्षेत्र कुरुक्षेत्र

कुरुक्षेत्र के मैदान में कौरवों व पांडवों के बीच एक महान् युद्ध लड़ा गया। (कुरुक्षेत्र का यह मैदान) ऐसा स्थान है, जिसे आज तक पवित्र माना जाता है। यह युद्ध, धर्म-युद्ध अर्थात् धर्म के लिए किया जानेवाला युद्ध कहलाया।

युद्ध के पहले दिन अर्जुन ने विरोधी पक्ष की विशाल सेना का निरीक्षण किया, जहाँ उसने अपने पितामह भीष्म, गुरु द्रोण और उनके पुत्र अश्वत्थामा, मद्रराज शल्य एवं अन्य संबंधियों को अपने विपक्ष में देखा।

यह देखकर अचानक उसका मन उदासी से घिर गया। उसने निर्णय लिया कि वह भूमि के टुकड़े को पाने के लिए लड़ना नहीं चाहता। उसने अपने अस्त्र-शस्त्र एक ओर रखे और अपने निर्णय के बारे में कृष्ण को बताया।

कृष्ण समझ गए कि अर्जुन के मन में कैसी दुविधा आ गई थी। अर्जुन की इस दुविधा को समाप्त करने के लिए उन्होंने विश्वरूप दर्शन के रूप में अर्जुन को अपना यथार्थ रूप दिखाया। उन्होंने बताया कि वे स्वयं सर्वव्यापी भगवान् विष्णु हैं। कृष्ण ने अर्जुन को परामर्श दिया—

मैं ही सर्जक, पालक व संहारक हूँ
मैं ही सर्वश्रेष्ठ और सबसे छोटा जीव हूँ
यह सारा संसार मेरी इच्छा से चलता है
तुम इस दृश्य के नायक मात्र हो
जो भी भूमिका मिली है, उसे अच्छी तरह निभाओ

यही तुम्हारा कर्तव्य है
बाकी सब मुझ पर छोड़ दो
मैं सबकुछ सँभाल लूँगा
बिलकुल वैसे, जैसा होना चाहिए
मैं अतीत, वर्तमान और भविष्य का ज्ञाता हूँ
मैं ही सर्वत्र हूँ।

कृष्ण ने दृढ़तापूर्वक, किंतु कोमल शब्दों में अर्जुन को धर्म, कर्तव्य, ज्ञान व सत्यनिष्ठा की अवधारणाएँ समझाईं।

इसे भगवद्गीता और सामान्यत: 'गीता' नाम से जाना जाता है। यह हिंदुओं का पवित्र धर्मग्रंथ है, जो समत्व से भरपूर जीवन जीने के लिए मनुष्य के जीवन में एक मार्गदर्शक का कार्य करता है।

कृष्ण की बातें सुनने के बाद अर्जुन ने उनसे प्रेरित होकर अपने शस्त्र उठा लिए और फल की चिंता करने की बजाय कर्म करने का निर्णय लिया।

परिचय

जब मैं बहुत छोटी थी तो मैंने बहुत सी प्राचीन कथाएँ सुनीं। मैं एक जिज्ञासु बच्ची थी और जब मुझे कहानी समझ न आती तो मैं कई प्रकार के प्रश्न पूछा करती। ऐसा बारंबार होने लगा तो मेरा परिवार मेरे इस व्यवहार से तंग आ गया और उन्होंने मुझसे कहा, ''कथाओं में वही बताया जाता है, जो हमारे ग्रंथों में लिखा है। इसलिए, तुम्हें इन्हें ज्यों-का-त्यों स्वीकार कर लेना चाहिए।''

तब मैंने अपनी ओर से प्रश्न-उत्तर करने बंद कर दिए—मेरे पास और कोई चुनाव नहीं था। परंतु मैं जानती थी कि वे कहानियाँ जिस रूप में सुनाई जाती थीं, मैं उन्हें वैसा ही स्वीकार नहीं कर सकती थी।

जब मैं बड़ी हुई, वही प्रश्न मेरे मस्तिष्क में चक्कर काटते रहते थे। मैंने सोचा, ''क्या मैं इन कहानियों की वैसी ही व्याख्या कर रही हूँ, जैसी मुझे करनी चाहिए? क्या मेरा मत उचित है?''

परंतु इस बार मेरे पास संबंधित विषय से जुड़ी पुस्तकों की कोई कमी नहीं थी और मैं उन विषयों पर अपनी राय कायम कर सकती थी।

समय के साथ-साथ मुझे एहसास हुआ कि इतिहास और पुराणों के बीच अंतर था। पुराण इतिहास पर आधारित हैं, परंतु वे पूरी तरह से सटीक नहीं माने जा सकते। दरअसल, पुराने जमाने में ये कथाएँ पीढ़ी-दर-पीढ़ी मौखिक परंपरा से चली आ रही हैं। जैसे 'चाइनीज विस्पर' नामक खेल में एक वाक्य कई लोगों के कानों से होते हुए अपना असली रूप खो देता है कहानियाँ भी

संभवत: अनजाने में कई लोगों से होते हुए बदलती चली गईं और इनमें कई तरह के मिथक, असत्य व अतिरेक शामिल हो गए।

इसी सोच के साथ मैंने तय किया कि मैं कहानियों में बढ़ा-चढ़ाकर कही गई बातों को अनसुना करके उसके मूल सार तक जाने की कोशिश करूँगी। उदाहरण के लिए, महाकाव्य में रावण के दस सिर बताए जाते हैं। यह उसकी बुद्धिमत्ता तथा कई प्रकार से सोचने की योग्यता का सूचक है। भारतीय पौराणिक गाथाओं में हम प्राय: जीवों को कई अंगों वाले जीव के रूप में दरशाते हैं। इसका अर्थ यह नहीं कि वह व्यक्ति असामान्य है। अकसर किसी व्यक्ति के कौशल या बल का प्रदर्शन करने के लिए यह कहा जाता है। कई बार नाग जाति के किसी व्यक्ति को भी सर्प के रूप में दरशाया जाता है।

विविध पुराणों के समय में; कई तरह के वंश और कबीले हुआ करते थे—जैसे देव, नाग, असुर व राजा आदि। देव व असुर समान रूप से बलशाली थे, जिनमें सदा आपस में ठनी रहती थी। असुर अपनी अनुचित इच्छाओं की पूर्ति के लिए संघर्ष करते रहते थे।

मेरे प्रिय पाठको, आपको आगे आनेवाली कहानियों में बहुत सारे वरदानों और शापों के बारे में पढ़ने को मिलेगा। इनमें से अधिकांश कहानियों में वे वरदान या शाप जैसे लगते हैं, पर वास्तव में ये वैसे नहीं होते। आपको यह नहीं भूलना चाहिए कि ये कहानियाँ व्यावहारिक या असली नहीं हैं। ये केवल कहानियाँ हैं। हमारे पूर्वजों ने सोचा होगा कि संसार में बुराई को हतोत्साहित करने के लिए शाप बना दिया जाए, ताकि बुरे काम करनेवाले के मन में हमेशा एक भय बना रहे। इसी तरह अच्छे काम करनेवाले को वरदान दिया जाता है। मेरे अनुसार, ईश्वर बहुत दयालु है। वह गुस्से में आकर हम मनुष्यों या प्राचीन काल के ऋषियों की तरह शाप नहीं देता। वह एक स्नेही माता की तरह है, जो अपनी संतान के लिए कभी बुरी मंशा नहीं रखती। तो आप जैसे इनसान हैं, वही बनें और इस संसार का भला करें।

रामायण व महाभारत, जैसे महाकाव्यों में आपको ऐसी अनेक कथाएँ मिलेंगी, जो बहुत लोकप्रिय नहीं हुईं, किंतु बहुत रोचक है। उनसे प्रेरित होकर

ही मैंने पुस्तकों की ऐसी शृंखला तैयार करने के बारे में सोचा, जिनमें इन महाकाव्यों के प्रमुख पात्रों की कहानियों को शामिल किया जा सके।

यह पुस्तक इस श्रेणी की पहली पुस्तक है और इसमें महाभारत से कथाएँ ली गई हैं यह हमारे सभी महाकाव्यों में से यथार्थ के सबसे अधिक निकट लगनेवाला महाकाव्य है। राजवंश में छिड़ा भयंकर युद्ध, माता-पिता, भाई-बहन व संबंधियों का आपस में विभाजित हो जाना, राज्य का विभाजन होना। यह कहानी मानवीय भावों का विस्तार से वर्णन करती है—प्रेम, क्रोध, ईर्ष्या, संकल्प व लोभ आदि। इसमें कोई आश्चर्य नहीं, इसी महाकाव्य पर आधारित टी.वी. धारावाहिक के पटकथा लेखक राही मासूम रजा ने एक बार कहा था, ''संसार में कहीं भी, कैसी भी परिस्थितियाँ क्यों न हों, वे सब पहले से ही महाभारत में प्रतिबिंबित हैं। अगर वे परिस्थितियाँ महाभारत में नहीं झलकतीं तो निश्चित रूप से वे यथार्थ में कभी नहीं घटेंगी।''

यूँ तो सभी भारतीय इस महाकाव्य की कथा से परिचित हैं—पांडवों व कौरवों का युद्ध, मुख्य पात्रों के जन्म और विवाह आदि; लेकिन नई पीढ़ी इस महाकाव्य में दी गई विस्तृत कथाओं से अनजान है, जहाँ भगवान् कृष्ण की प्रमुख भूमिका एक सर्वश्रेष्ठ जीव के रूप में नहीं, बल्कि एक उल्लेखनीय रणनीतिज्ञ के रूप में दिखाई देती है।

कुछ स्थानों पर इस पुस्तक में मैंने वर्तमान स्थानों के संदर्भ भी दिए हैं और कुछ स्थानों के नाम भी दिए हैं, जैसे कुकुनूरु का महामाया मंदिर या राजस्थान में खाटूश्यामजी का मंदिर आदि। ऐसे स्थानों से उपजी कहानियाँ स्थल पुराण कहलाती हैं।

इसके अलावा, ऋषि जैमिनी द्वारा लिखित 'जैमिनी भारत' नामक ग्रंथ भी मिलता है, जो मुनि व्यास के चार विख्यात शिष्यों में से एक थे। जैमिनी उपनिषद् और वैदिक ग्रंथों के विद्वान् थे। जैमिनी भारत में अनेक सदियों से प्रसिद्ध रहे हैं। उन्होंने महाभारत युद्ध के बाद पांडवों और उनके वंशजों की कथाएँ लिखी हैं। माना जाता है कि मुनि जैमिनी राजा जनमेजय के सर्प यज्ञ में प्रधान पुरोहित थे और उन्हें उस राजवंश की पूरी जानकारी थी।

मैं इन कहानियों की लेखिका नहीं हूँ। मैं एक कथावाचक हूँ, जिसने इन प्राचीन और सम्मोहित कर देनेवाली गाथाओं के सागर में गोता लगाने का प्रयत्न किया है। कहना न होगा, इस कार्य को पूरा करने के लिए मुझे असंख्य स्रोतों की मदद लेनी पड़ी। मैंने इन कहानियों को वर्तमान पाठकों से जोड़ने के लिए इनमें से अनेक अतार्किक लगनेवाले विस्तारों को भी निकाल दिया है।

मैं यह आशा करती हूँ कि मेरे युवा और वयस्क पाठक इन कथाओं को पढ़कर महाभारत के रोचक तथ्यों को अगली पीढ़ियों तक पहुँचाने का कार्य करेंगे।

वे ऋषि धन्यवाद के पात्र हैं, जिन्होंने मौखिक परंपरा से इन कथाओं को अगली पीढ़ियों तक पहुँचाया, ताकि लोग उन्हें याद करके आनेवाली सदियों तक ले जा सकें। उनके बिना हमारे जीवन में संभवत: इतना रस नहीं होता। यदि इन कहानियों के पात्र जीवन के कठिन संघर्षों का सामना न करते तो शायद मैं भी अपने जीवन के कठिन संघर्षों से उबरने और उनका सामना करने का साहस न सँजो पाती।

अनुक्रम

एक पुरुष, जो स्त्री बना

महाभारत के अनुसार, चंद्रवंश या सोमवंश को भारत के प्रमुख योद्धा घरानों में से एक माना जाता है। जैसा कि नाम से ही स्पष्ट है, माना जाता है कि ये चंद्र के वंशज हैं।

बहुत समय पूर्व वैवस्वत मनु नामक एक व्यक्ति थे। माना जाता है कि वे अपनी पत्नी श्रद्धा के साथ इस धरती के पहले मानव थे। कई वर्षों तक उनके यहाँ संतान ने जन्म नहीं लिया, इसलिए उन्होंने निर्णय लिया कि वे देवों को प्रसन्न करने के लिए यज्ञ रचाएँगे। श्रद्धा मन-ही-मन अपने लिए एक पुत्री की चाहना रखती थी, जबकि मनु चाहते थे कि उनके यहाँ एक पुत्र का जन्म हो। उचित समय आने पर उनकी प्रार्थनाओं का फल मिला और उनके यहाँ एक पुत्र ने जन्म लिया, जिसका नाम 'सुद्युम्न' रखा गया।

वर्षों बीत गए और वह एक नवयुवक बन गया। एक दिन वह शरवन के सुंदर वनों में अपने मित्रों के साथ शिकार खेलने गया। ज्यों ही उन सभी पुरुषों का दल वन के एक विशेष क्षेत्र में दाखिल हुआ, जादुई प्रभाव से वे सभी स्त्रियों में बदल गए। उनमें से किसी को भी समझ नहीं आ रहा था कि ऐसा कैसे हुआ और अब उन्हें क्या करना चाहिए?

जब वह दल युवतियों के रूप में घने वन में विचरण कर रहा था तो सुद्युम्न ने निर्णय लिया कि उसे जो शरीर मिला है, वह उसके अनुसार अपना नया रूप धारण करेगा। उसने अपना नाम रखा 'इला'। जब इला और उसके मित्र घने वनों से निकलकर अपने घर लौटने लगे तो देवी पार्वती उनके सामने

प्रकट हुईं और बोलीं, ''तुमने और तुम्हारे मित्रों ने मेरे उपवन में प्रवेश किया था। अपने आसपास देखो—यह कोई साधारण स्थान नहीं है। दरअसल, किसी भी पुरुष के लिए यहाँ आना वर्जित है। यदि वे ऐसा करते हैं तो वे तत्काल स्थायी रूप से स्त्री बन जाते हैं।''

इला का निराश चेहरा देखकर पार्वती मुसकराईं। ''मैं जानती हूँ कि तुम यहाँ दुर्घटनावश आए थे। बच्चे, मैं तुम्हें आशीर्वाद देती हूँ कि तुम अपने लिंग परिवर्तन के बावजूद एक सुखी और संतुष्ट जीवन व्यतीत करोगे। आज से ही तुम स्वयं चुन सकोगे कि तुम क्या बनना चाहोगे—स्त्री या पुरुष।''

सबको यह देखकर आश्चर्य हुआ कि इला ने एक युवती बनकर रहने का निर्णय लिया और अपनी नई पहचान को सच्चे मन से स्वीकार कर लिया।

इस दौरान बुध ग्रह के स्वामी तथा चंद्र देवता के पुत्र बुध ने इला को देखा और उसके सौंदर्य पर मोहित हो गए। इला को भी उनसे प्रेम हो गया और उन दोनों ने विवाह कर लिया। उचित समय आने पर इला ने पुरूरवा नामक पुत्र को जन्म दिया।

समय बीतता गया और इला ने तय किया कि वह अपने पुरुष रूप सुद्युम्न के रूप में वापस आ जाएगी। वह अपने राज्य में वापस आकर बुद्धिमत्तापूर्वक शासन करने लगा। जैसा कि राजा से अपेक्षा की जाती है, उसने विवाह किया और उसकी अनेक संतानें हुईं। वह वृद्धावस्था तक अपनी प्रजा की देखरेख करता रहा इसके बाद उसने अपना राज्य पहले पुत्र पुरूरवा को सौंप दिया और अपने जीवन के शेष दिन बिताने के लिए वन का आश्रय लिया।

चंद्र का पौत्र पुरुरवा; उसने ही चंद्र वंश की नींव डाली। वह अपने राज्य की राजधानी प्रतिष्ठान से शासन करता था, जो वर्तमान में उत्तर प्रदेश राज्य का इलाहाबाद नामक नगर है।

महाभारत के महान् पांडव इसी वंश से संबंध रखते हैं। पांडवों के एक वंशज ययाति के बाद उनके पुत्र पुरु ने शासन सँभाला। उसका वंश पुरु वंश के नाम से जाना जाता है।

पुरु के वंशजों में एक राजा भरत भी हुए। वे राजा दुष्यंत और शकुंतला

के पुत्र थे। भरत इतने महान् राजा थे कि उनके नाम पर ही हमारे देश का नाम पड़ा और हमारा देश 'भारत' या 'भारतवर्ष' कहलाया।

राजा कुरु पुरु के वंश में पच्चीस पीढ़ियों के बाद जनमे और कुरु वंश को जन्म दिया। उनकी पंद्रह पीढ़ियों के बाद पांडवों व कौरवो का जन्म हुआ। वैसे, देखा जाए तो कौरव और पांडव दोनों ही राजा कुरु के वंशज हैं, परंतु पांडु की संतान पांडवों ने अपने वंश की पहचान की बजाय अपने पिता के नाम को अपनाया।

□

स्मृति मुद्रिका

एक बार राजा विश्वामित्र नामक एक राजा थे, जिन्होंने विश्वामित्र ऋषि बनने के लिए सबकुछ त्याग दिया और सैकड़ों वर्षों तक साधना करने के लिए घने वन में चले गए।

देवों के नरेश भगवान् इंद्र को यह भय सताने लगा कि कहीं शक्तिशाली ऋषि की तपस्या उनके राजसिंहासन के लिए संकट न बन जाए। इसलिए उन्होंने अपनी सबसे सुंदर अप्सरा मेनका को विश्वामित्र की तपस्या भंग करने के लिए भेज दिया।

मेनका स्वर्ग से उतरी और उसने ऋषि का ध्यान भंग करने का प्रयास किया। उसने अपनी ओर से बहुत प्रयत्न किया और किसी तरह ऋषि की तपस्या भंग करने में सफल रही। ज्यों ही विश्वामित्र की दृष्टि मेनका पर पड़ी, वे अपनी तपस्या भूलकर उसके मोह में पड़ गए। उन दोनों ने प्रसन्नतापूर्वक कुछ समय बहुत अच्छी तरह बिताया। फिर उनके यहाँ एक पुत्री का जन्म हुआ।

विश्वामित्र तो परी के समान मोहक बच्ची से अपनी आँखें हटा ही नहीं पा रहे थे। परंतु उसे देखकर उन्हें अपने उद्‌देश्य का स्मरण हो आया और उन्हें यह जानकर बहुत दुःख हुआ कि वे अपनी तपस्या के बारे में बिलकुल भूल ही गए थे। वे तपस्या करके ऋषि बनने की बजाय एक पुत्री के पिता बन चुके थे।

उन्होंने उग्र स्वर में मेनका से कहा, "अब मैं समझा कि यहाँ क्या हुआ

होगा ? तुमने ही तपस्या से मेरा ध्यान भंग करने के लिए यह खेल रचा। आज के बाद से इस बच्ची के पालन-पोषण का सारा दायित्व तुम्हारा ही होगा। आज के बाद कभी मुझसे मिलने की चेष्टा मत करना। यदि तुमने ऐसा किया तो मैं तुम्हें ऐसा शाप दूँगा कि तुम उस दिन के लिए पछताओगी, जब तुमने मेरे पास आने का निर्णय लिया था।''

नवजात कन्या की ओर पुनः देखे बिना ही विश्वामित्र तीर की तरह सनसनाते हुए अपने घर से बाहर निकल गए और फिर कभी वापस नहीं आए।

मेनका बहुत व्यथित थी। वह सोचने लगी, 'मैं क्या कर सकती हूँ ? मैं अपनी बच्ची को स्वर्ग में स्थित देवराज इंद्र के दरबार में भी नहीं ले जा सकती। वहाँ मनुष्यों का प्रवेश वर्जित है।'

वह फूट-फूटकर रोते हुए आकाश में बैठे देवगण तथा वन के प्राणियों से प्रार्थना करने लगी। फिर मेनका ने एक छायादार वृक्ष के तले केले के पत्ते पर बच्ची को लिटाया और बोली, ''मेरी प्यारी बच्ची, कृपया मुझे क्षमा कर देना। मैं असहाय हूँ। मुझे विश्वामित्र की तपस्या भंग करने के लिए भेजा गया था। अब जब वे यहाँ नहीं हैं तो मुझे वापस जाना ही होगा। मैं देवताओं के आगे विनती करते हुए तुम्हें यहाँ छोड़े जा रही हूँ और वन के पशु-पक्षियों से आग्रह करती हूँ कि वे तुम्हारी देखरेख करें। मैं तुम्हें वचन देती हूँ कि जब कभी तुम पर संकट आएगा तो मैं स्वर्ग से उतरकर तुम्हारी सहायता अवश्य करूँगी।''

मेनका दुःखी हृदय के साथ आँखों में अश्रुओं की धारा लिये इंद्र के दरबार की ओर चल दी।

कुछ घंटों तक वह बच्ची वहीं पड़ी रही। उसकी देखभाल के लिए कुछ पक्षियों के अतिरिक्त वहाँ कोई नहीं था। उसकी हास्य लहरी ऋषि कण्व के कानों तक गई, जो निकट ही बहनेवाली नदी की ओर जा रहे थे। वे आवाज सुनकर वहाँ तक आए तो पेड़ के नीचे लेटी बच्ची को देखा, जिसे पक्षी बहला रहे थे।

उन्होंने वन में आसपास बच्ची के माता-पिता को देखना चाहा, परंतु वहाँ कोई मनुष्य दिखाई नहीं दिया। अपनी यौगिक शक्तियों के बल पर वे

जान गए कि बच्ची को त्याग दिया गया था।

उन्होंने नन्ही बच्ची को भुजाओं में उठाकर कहा, "मेरी प्यारी बच्ची, मैं एक साधु हूँ, पर मैं तुम्हें अपनी संतान की तरह रखूँगा। तुम मुझे इन चहचहाते शकुंत पक्षियों से घिरी, हँसती हुई मिली हो, इसलिए मैं तुम्हें 'शकुंतला' कहूँगा।"

शकुंतला बड़ी होकर बहुत सुंदरी युवती बनी। कण्व ऋषि के आश्रम में अपनी सखी अनसूया व प्रियंवदा के साथ उसका बचपन बहुत अच्छी तरह बीता। तपस्विनी गौतमी ने भी शकुंतला के पालन-पोषण में अहम भूमिका निभाई। शकुंतला को बाल्यकाल से ही पशु-पक्षियों तथा वृक्षों से बेहद लगाव था। वह उनके बीच अपने जीवन से बेहद संतुष्ट थी।

एक बार ऋषि कण्व को किसी काम के सिलसिले में आश्रम से कुछ माह के लिए दूर जाना पड़ा। उस दौरान शकुंतला अपने पालतू पशु-पक्षियों की सेवा तथा पेड़-पौधों को सींचने में व्यस्त रही।

एक दिन उसे एक आवाज सुनाई दी, "बहुत प्यास लगी है। क्या पीने के लिए थोड़ा सा जल मिलेगा?" उसने मुड़कर देखा तो उसके सामने एक बहुत ही सलोना और सजीला नवयुवक खड़ा था, जो और कोई नहीं, हस्तिनापुर-नरेश, चंद्रवंश के कुरुओं के एक वंशज दुष्यंत थे। दुष्यंत को पता चला था कि आश्रम के निकट के वनों में बहुत हिंसक पशु हो गए थे, जो उनकी प्रजा पर बार-बार हमलाकर देते थे, इसलिए वे स्वयं उन पशुओं का शिकार करने निकले थे।

दुष्यंत और शकुंतला एक-दूसरे को देखते ही परस्पर मोहित हो उठे। शकुंतला ने लजाकर दुष्यंत को पानी पिलाया और वे उसकी सुंदरता व गरिमा को मंत्र-मुग्ध होकर ताकते रहे। ऋषि कण्व की अनुपस्थिति का लाभ उठाते हुए महाराज प्रतिदिन शिकार खेलने के बीच अवकाश के क्षण बिताने के लिए आश्रम आने लगे।

कई सप्ताह बीत गए और उन दोनों ने अपने परिवार के सदस्यों से पूछे बिना एक सादे समारोह में आपस में विवाह कर लिया।

विवाह के तुरंत बाद दुष्यंत को राज्य वापस जाना पड़ा। शकुंतला दु:खी हो गई। दुष्यंत ने उसे दिलासा देते हुए कहा, ''प्रिय पत्नी, मेरे प्रेम की स्मृति के रूप में यह मुद्रिका (अँगूठी) रखो। मैं वादा करता हूँ कि हस्तिनापुर जाते ही तुम्हारे पिता को संदेश भिजवाऊँगा। तुम्हें यहाँ से ले जाने से पूर्व मुझे उनकी अनुमति लेनी होगी।''

शकुंतला शांत हो गई और उसने राजा की बात मान ली। उसने वह हलकी ढीली अँगूठी अपनी अँगुली में पहनी और पूरे भरोसे व विश्वास के साथ अपने पति को देखा।

दुष्यंत राजधानी वापस जाते ही, राज्य के कामों में बुरी तरह उलझ गए उन्होंने सोचा कि वे काम से समय पाते ही शकुंतला के पिता को संदेश भेजेंगे।

इस दौरान शकुंतला को पता चला कि वह गर्भ से थी। जब ऋषि कण्व आश्रम में लौटे तो उन्हें पता चला कि उनकी अनुपस्थिति में आश्रम में क्या-क्या हुआ था। उन्होंने सोचा, 'शकुंतला मेरी पालिता पुत्री है, पर उसने एक ऋषि की बजाय राजा को अपने पति के रूप में चुना। मैं जानता हूँ कि वह बहुत ही गरिमामयी रानी बनेगी।' वे अपनी पुत्री से बोले, ''हमें दुष्यंत के यहाँ से संदेश आने की प्रतीक्षा नहीं करनी चाहिए। समय आ गया है कि तुम अपने पति के घर चली जाओ।''

शकुंतला को पति के घर जाने का समाचार सुनकर प्रसन्नता तो हुई, परंतु वह वहाँ के जीवन के बारे में सोचकर घबरा रही थी। वह सोचने लगी, 'मैंने तो इस आश्रम या वन से बाहर कभी कदम नहीं रखा। मैंने कभी कोई नगर नहीं देखा। मैं केवल अपने पालक पिता और महाराज दुष्यंत को जानती हूँ। पता नहीं मैं नगर के जीवन में अपने आपको ढाल सकूँगी या नहीं?'

जब वह अपने विचारों में खोई हुई थी तो अपने क्रोध के लिए प्रसिद्ध महर्षि दुर्वासा ऋषि कण्व से भेंट करने के लिए आश्रम में पधारे। शकुंतला अपने ही विचारो और चिंता में इतनी मग्न थी कि वह अपना आतिथ्य-धर्म भी भूल गई और उसने दुर्वासा का अच्छी तरह अतिथि-सत्कार नहीं किया।

दुर्वासा अपने इस अपमान से बुरी तरह से क्रुद्ध हो उठे। उन्होंने कमंडलु

से अपनी हथेली में जल लिया और युवती पर छिड़ककर बोले, ''हे शकुंतला! तू किसी के ध्यान में इतनी खो गई कि तूने द्वार पर आए अतिथि का सत्कार तक नहीं किया। तू जिसकी स्मृति में खोई थी, वह इसी क्षण से तुझे पूरी तरह से भुला देगा।''

बेचारी शकुंतला तो ऋषि के शाप को अच्छी तरह से सुन भी नहीं सकी।

अचानक उसकी सखियाँ वहाँ आईं और उन्होंने वह भयंकर शाप सुना। वे तत्काल ऋषि के चरणों पर गिर पड़ीं। उन्होंने विनती की, ''हे महान् ऋषि! हम आपसे विनती करती हैं, अपना शाप वापस ले लें। शकुंतला किसी नवजात की तरह निर्दोष है। वह जीवन के कठिन समय से गुजर रही है, इसलिए चिंतित है। उसने तो कभी अनजाने में भी किसी का हृदय नहीं दुखाया। कृपया हमारी बात सुनें। हम उसकी ओर से आपसे क्षमायाचना करती हैं।''

दुर्वासा शांत हुए और बोले, ''मैं शाप तो वापस नहीं ले सकता; परंतु मैं इसका प्रभाव कम अवश्य कर सकता हूँ। यदि शकुंतला के पास उस व्यक्ति का दिया कोई स्मृति-चिह्न हो, जिसके बारे में वह सोच रही थी, तो उस चिह्न को देखते ही उस व्यक्ति को सबकुछ स्मरण आ जाएगा।''

शकुंतला अब भी अपनी ही तंद्रा में खोई थी और अपने आसपास के हालात से अनभिज्ञ थी।

जल्दी ही शकुंतला के विदा लेने का समय आ गया। उसकी सखियों ने चेताया, ''अपनी अँगूठी साथ ले जाना मत भूलना। शकुंतला, चाहे जो भी हो, इसे अपने से अलग मत करना।''

शकुंतला ने अनमने भाव से हामी भरी। फिर वह विदुषी गौतमी तथा अन्य कुछ गुरुभाइयों सहित आश्रम से चल दी। उसने भारी हृदय से आश्रम की ओर मुड़कर देखा।

पूरा दल गंगा नदी पार कर हस्तिनापुर राज्य पहुँचा। सदा की तरह जब शकुंतला दुष्यंत के बारे में सोच रही थी तो उसने अपना हाथ नदी के पानी में डाला और उसकी ढीली अँगूठी हाथ से फिसलकर नदी में चली गई। उसे एक मछली ने निगल लिया।

शकुंतला को पता तक नहीं चला कि उसकी अँगूठी खो गई थी।

लंबी यात्रा के बाद वे सभी राजदरबार पहुँचे दुष्यंत अपने प्रतिदिन के कार्यों में व्यस्त थे। जब गौतमी को अवसर मिला तो वे बोलीं, ''महाराज, मैं महर्षि कण्व की पुत्री शकुंतला को आपके पास लाई हूँ। आपने इससे आश्रम में भेंट कर वहीं विवाह रचाया था। अब वह गर्भ से है, इसलिए हमारा कर्तव्य बनता है कि हम इसे आपके पास पहुँचाएँ। हमारे गुरुदेव ने आपको अपना आशीर्वाद दिया है और आपसे आग्रह किया है कि आप उनकी फूल जैसी नाजुक पुत्री का ध्यान रखें। हमारा कार्य पूरा हुआ, अब हम आपसे विदा लेकर आश्रम के लिए प्रस्थान करेंगे।''

दुर्वासा के शाप का प्रभाव तो पड़ना ही था, महाराज दुष्यंत शकुंतला के बारे में कुछ याद नहीं कर सके। उन्हें लग रहा था कि उन्होंने उस युवती को कहीं देखा है और उसे जानते हैं, परंतु वे उसे अपनी पत्नी के रूप में स्वीकारने को प्रस्तुत नहीं थे। वे मधुर स्वर में बोले, ''आदरणीया! मैं आपके गुरु की भावनाओं का सम्मान करता हूँ। परंतु मुझे यह स्मरण नहीं कि इस युवती से मेरी भेंट कब; और कहाँ हुई थी तो मैं इनसे विवाह कैसे कर सकता हूँ? हो सकता है कि इन्होंने मेरे जैसे दिखनेवाले किसी युवक से विवाह किया हो। मैं तो एक राजा हूँ। मेरा विवाह साक्षियों के अभाव में संपन्न हो ही नहीं सकता। मेरा विश्वास करें, मैं इस नवयुवती को नहीं जानता।''

शकुंतला राजा की प्रतिक्रिया देख स्तब्ध हो उठी। उसकी आँखों से अश्रु बहने लगे। वह बोली, ''हे महाराज आपने ही मुझसे विवाह किया था। मैं जानती हूँ कि मैं किसी राजवंश से नहीं; परंतु मैं असत्य वादन नहीं करती। मैं एक ऋषि-पुत्री हूँ और धन-संपदा मेरे लिए कोई मोल नहीं रखती। मैंने आपसे इसलिए विवाह किया, क्योंकि मुझे आपसे प्रेम था। मैंने केवल आपकी रानी बनने के लोभ में आपसे प्रेम नहीं किया था। महाराज, हमने जो समय एक साथ बिताया, क्या आपको उसका कोई स्मरण नहीं? मैं आपको कुछ बातें याद दिलाती हूँ, मुझे विश्वास है कि आपको सब याद आ जाएगा।''

इसके बाद शकुंतला ने अपने पति को पिछली बातें याद दिलाने का पूरा

प्रयत्न किया; परंतु सब व्यर्थ रहा।

अंत में राजा ने कहा, ''देखो, क्या तुम्हारे पास इस बात का कोई प्रमाण है? मुझे तो तुम्हारे सुनाए प्रसंगों से कुछ याद नहीं आ रहा।''

अचानक शकुंतला को राजा की दी हुई अँगूठी याद आ गई। वह बोली, ''मैं आपको एक स्मृति चिह्न दिखा सकती हूँ।''

उसने अपना हाथ महाराज के आगे फैलाकर कहा, ''आपने मुझे यह अँगूठी दी थी।''

परंतु जब उसकी अपनी नजर हाथ पर गई तो वह हैरान रह गई। हाथ में कोई अँगूठी नहीं थी।

''हे भगवान्! अँगूठी कहाँ गई?''

राजा प्रतीक्षा करते रहे और वह परेशान होकर अपने सामान में अँगूठी खोजती रही।

गौतमी ने चिंतित भाव से पूछा, ''शकुंतला, तुमने उसे कहाँ छोड़ा था?''

''जब हम नाव में बैठे थे तो वह मेरे पास थी। पता नहीं उसके बाद कहाँ गई।'' शकुंतला के स्वर में उदासी और आँखों में आँसू थे।

दरबार में बैठे लोग उसका उपहास करने लगे। सभी दबे स्वरों में बातें कर रहे थे। असहाय शकुंतला चुपचाप दरबार से बाहर निकल गई। दुष्यंत को अब भी लग रहा था कि वे शायद कभी उस युवती से मिले हैं; परंतु इसके सिवा उन्हें कुछ याद नहीं आ सका।

गौतमी और अन्य ऋषि आश्रम जाना चाहते थे, पर शकुंतला नगर में ही रहना चाहती थी।

जब शकुंतला अकेली रह गई तो उसे अपनी माता की याद आई, जो उसे वन में अकेला छोड़ गई थी। वह रोने लगी, ''हे माता! देखो, भाग्य ने मेरे साथ कैसा खेल खेला। जन्म हुआ तो माता-पिता ने त्याग दिया, विवाह हुआ तो पति ने भुला दिया। अब मैं गर्भ से हूँ और इस तरह अपमानित होकर आश्रम में नहीं जाना चाहती। केवल आप ही मेरी सहायता कर सकती हैं।''

मेनका ने अपना वचन निभाया। वह स्वर्ग से उतरी और शकुंतला को

मरीचि ऋषि के आश्रम में ले गई। वहाँ शकुंतला ने भरत नामक एक स्वस्थ पुत्र को जन्म दिया।

कुछ ही दिन बाद एक सिपाही ने दुष्यंत से आकर कहा, "महाराज, हमने एक मछुआरे को बंदी बनाया है, जिससे सारे बाजार में खलबली मच गई है।"

"क्यों? क्या किया है उसने?" दुष्यंत ने पूछा।

"वह स्थानीय बाजार में एक शाही अँगूठी बेचने की कोशिश कर रहा था। वह आपकी अँगूठी है, इसलिए हमने उसे बंदी बना लिया है।"

"उस मछुआरे को मेरे पास ले आओ।" महाराज ने आदेश दिया।

जब मछुआरे को राजा के पास लाया गया तो वह बहुत भयभीत हुआ और काँपते हुए बोला, "महाराज, मैं तो एक गरीब मछुआरा हूँ। आज सुबह नदी में जाल डाला तो एक बड़ी मछली हाथ आई। मैंने अपनी पत्नी से कहा कि वह उसे पकाए। जब उसने मछली को काटा तो उसके पेट से यह अँगूठी निकली। मुझे लगा कि इसे बेचकर चार पैसे कमाए जा सकते हैं। जब मैं इसे बेचने आया तो आपके सिपाहियों ने मुझे बंदी बना लिया। मुझे नहीं पता था कि यह किसकी है। मुझे नहीं पता था कि इस मछली की वजह से मैं इतनी बड़ी मुसीबत में फँस जाऊँगा। महाराज, मुझे जाने दें। मैं आपको सच बता रहा हूँ।"

महाराज को वह अँगूठी दिखाई गई। उसे देखते ही उन्हें शकुंतला के बारे में सबकुछ याद आ गया। यह अँगूठी तो उन्होंने अपनी पत्नी को दी थी। उन्हें पत्नी का अश्रु-सिक्त चेहरा याद आया। उन्होंने कितनी बेरहमी से उसे दरबार से निकाल दिया था। वह गर्भ से थी और उन्होंने उसके साथ ऐसा बरताव किया। उन्होंने भरे दरबार में उसके मायके-परिवार के साथ उसका अपमान किया।

दुष्यंत को बहुत पश्चात्ताप हो रहा था। उन्होंने मछुआरे को इनाम देकर विदा किया और सिपाहियों से कहा कि वे शकुंतला की खोज करें। सिपाहियों ने शकुंतला की खोज में कोना-कोना छान मारा, पर वह कहीं नहीं मिली।

इस दौरान शकुंतला की देखरेख में भरत बड़ा होने लगा। वह बहुत ही वीर बालक था, जो हिंसक पशुओं के साथ मित्रता करता था।

इसी तरह कई वर्ष बीत गए।

एक दिन इंद्र ने दुष्यंत से आग्रह किया कि वे असुरों से होनेवाले युद्ध में उनकी सहायता करें। दुष्यंत ने हामी भर दी और असुरों को पराजित करने में सफल रहे।

वहाँ उन्होंने एक अद्‍भुत दृश्य देखा। एक बच्चा निर्भीकता से शेर के बच्चे से खेलना चाह रहा था और जबरन उसका मुँह खुलवा रहा था, ताकि उसके दाँत गिन सके।

राजा ने सोचा, 'कैसा वीर बालक है। भाग्यशाली होंगे वे माता-पिता, जिनके घर ऐसी संतान ने जन्म पाया। काश, कोई इसके जैसा बालक ही मेरे वंश को आगे ले जाने का कार्य करता।'

राजा ने आसपास देखा तो उन्हें धरती पर एक बाजूबंद गिरा दिखाई दिया। उन्होंने उसे उठा लिया और बालक से पूछा, "क्या यह तुम्हारा है ?"

"जी, यह अभी गिरा होगा।"

अचानक एक दासी दौड़ती हुई आई और दुष्यंत से कहा, "महाराज, इसे स्पर्श न करें। यह बहुत खतरनाक है।"

"इस काले धागे में क्या खतरनाक है ?" राजा ने पूछा।

"हमारे गुरु मरीचि ने इस ताबीज को मंत्र से सिद्ध किया है, ताकि बालक की रक्षा हो सके। यदि बच्चे के माता-पिता के सिवा कोई भी इसे छुएगा तो यह सर्प बनकर उसे डस लेगा। आप इसे तुरंत गिरा दें।" उसने मारे भय के काँपते हुए कहा।

राजा दुष्यंत ने बाजूबंद हाथ में ही रखा और मुसकराने लगे।

शकुंतला भी आवाजें सुनकर वहाँ आ गई। जब उसने दुष्यंत को देखा तो वह वहीं खड़ी होकर उन्हें अविश्वास से ताकने लगी।

राजा दुष्यंत ने अपराध-बोध के साथ उसे देखा। शकुंतला कितनी प्यारी और दयालु थी और वे उसे अपने अविश्वास एवं निर्दयता के सिवा कुछ न दे सके। यह तो वही युवती थी, जिससे उन्होंने प्रेम किया, विवाह किया और अब वह अविवाहिता माता के रूप में अपना जीवन बिता रही थी। उसकी

मासूम आँखों में बुद्धिमत्ता और विवेक झलक रहा था। उन्होंने शकुंतला से क्षमा-याचना की।

परंतु तब तक शकुंतला उन सभी घटनाओं की वजह समझ चुकी थी। यह दुष्यंत का दोष नहीं था कि उन्होंने उसे नहीं पहचाना। उसने अपने पति को सांत्वना देते हुए कहा, "इसमें क्षमा करनेवाली कोई बात नहीं है। जीवन की यात्रा अच्छे और बुरे प्रसंगों से मिलकर चलती है। कुछ चीजें हमारे अपने वश में नहीं होतीं। यह हमारी नियति थी कि हमें इस तरह अपना जीवन बिताना पड़ा।"

राजा दुष्यंत ऋषि मरीचि के पास गए और उन्होंने उनसे अपने परिवार को साथ ले जाने की अनुमति चाही। वे भरत और शकुंतला को हस्तिनापुर ले आए।

भरत एक महान् शासक बना और उसने भारत के सभी भागों को विजित किया। आगे चलकर वह भरत चक्रवर्ती या भरत सार्वभौम के नाम से जाना गया। उसने अनेक यज्ञ रचाए जैसे, अश्वमेध यज्ञ, राजसूय यज्ञ, वाजपेय यज्ञ तथा विश्वजित यज्ञ आदि। प्रायः सफल राजा इन यज्ञों को एक-एक बार ही करते हैं, परंतु राजा भरत इस क्रम में सबसे आगे निकल गए थे। उन्होंने सैकड़ों अश्वमेध यज्ञ रचाए, जिनमें से सौ यमुना नदी के किनारे, तीन सौ सरस्वती नदी के किनारे तथा चार सौ गंगा नदी के किनारे किए गए।

पांडवों और कौरवों के इस पूर्वज भरत के नाम पर ही हमारे देश का नाम 'भारत' पड़ा। हमारा देश भरत का राज्य या भारतवर्ष के नाम से जाना गया।

भरत की अनेक संतानें थीं। जब वे वृद्ध हुए तो उन्हें लगा कि उनकी एक भी संतान राज्य सँभालने के योग्य नहीं है। अपने मंत्रियों, संतानों एवं प्रजा से लंबे विचार-विमर्श के बाद उन्हें समझ आ गया कि एक अच्छे उत्तराधिकारी को बलशाली, बुद्धिमान और दयालु होना चाहिए, भले ही वह अपनी संतानों या संबंधियों में से न हो। केवल रक्त संबंधी होने से ही कोई अयोग्य व्यक्ति किसी पद का वास्तविक उत्तराधिकारी नहीं होता। उसे अपने पद के अनुरूप योग्य और सक्षम भी होना चाहिए।

इसके बाद भरत को भूमन्यु नामक एक युवक मिला, जो राजवंश से

नहीं था। जब उचित समय आया तो उन्होंने अपने दरबार में एक सभा बुलाई। उन्होंने अपने बच्चों को देखा और वे जान गए कि यही निर्णय सही था। उन्होंने पूरे आत्मविश्वास के साथ घोषणा की, ''मैंने अपने उत्तराधिकारी के विषय में बहुत सोच-विचार किया है और तय किया है कि भूमन्यु ही मेरे बाद सिंहासन का उत्तराधिकारी होगा।''

उन्होंने भूमन्यु को देखकर कहा, ''यहाँ आओ, पुत्र! तुम इस सिंहासन के योग्य हो। आज से इस राज्य की देखरेख करना तुम्हारा कर्तव्य होगा।''

इस प्रकार भरत के बाद भूमन्यु ने राजकाज सँभाला और उनकी तरह ही कुशलतापूर्वक शासन किया।

भरत के शासन में गुणों के आधार पर पद प्रदान करने की नींव रखी गई और यह तब तक जारी रही, जब तक नेत्रहीन राजा धृतराष्ट्र ने राज्य को उचित शासक देने के स्थान पर अपनी ही संतान को वरीयता देने की परंपरा आरंभ नहीं की।

आगे चलकर उनकी यही भूल महाभारत के महान् युद्ध का कारण बनी, जिससे भरत की प्रगतिशील सोच का अंत हो गया।

हिंदू धर्म में आठ प्रकार के विवाह होते हैं। शकुंतला और दुष्यंत ने गांधर्व विवाह किया था। यह प्रेम विवाह होता है, जिसमें किसी प्रकार के अनुष्ठान नहीं होते। स्वयंवर नामक समारोह में युवती स्वयं युवकों के दल में से अपने लिए उपयुक्त वर का चुनाव करती है। कई बार कन्या का पिता कोई शर्त रख देता है और उस शर्त को पूरा करनेवाला युवक ही कन्या से विवाह कर पाता है। पांडवों में से अर्जुन ने ऐसी ही प्रतियोगिता में भाग लेकर द्रौपदी को बरा था। इसके बाद वैदिक विवाह आता है, जिसमें वर और वधू के परिवार तथा संबंधियों के सम्मुख, मंत्रोच्चार के बीच विवाह संपन्न होता है। इसके अतिरिक्त एक राक्षस विवाह होता है, जिसमें कन्या का बलात् हरण कर लिया जाता है और उसकी मरजी के बिना उसका विवाह कर देते हैं।

□

जिन्होंने वेदों को विभाजित किया

दशराज नामक मछुआरे की पुत्री सत्यवती बहुत सुंदर युवती थी। उसके शरीर से सदा मछली के समान गंध आती थी, इसलिए उसे 'मत्स्यगंधा' नाम से भी जाना जाता था। वह अपनी नाव में यात्रियों को गंगा नदी के इस पार से उस पार ले जाने का काम करती थी।

एक दिन महान् ऋषि पराशर उसके पास आए और उन्होंने सत्यवती से नदी पार कराने का आग्रह किया। सत्यवती ने उन्हें नाव में बिठा लिया।

जब वे नदी के बीच पहुँचे तो पराशर ने पास ही दिखाई दे रहे द्वीप की ओर संकेत कर कहा, "मैंने अपना विचार बदल दिया है। मैं अपना कुछ समय इसी द्वीप पर बिताना चाहता हूँ।"

जब वे उस द्वीप पर गए तो पराशर ने सत्यवती के आगे प्रेम निवेदन किया और उससे आग्रह किया कि वह उनके साथ वहीं रहे। सत्यवती अवाक् थीं। वह कुछ नहीं कह सकी और वे वहीं रहने लगे। कुछ समय बाद उनके यहाँ एक पुत्र का जन्म हुआ। शिशु अनाकर्षक और साँवले रंग का था। उसका जन्म एक द्वीप पर भी हुआ था, इसलिए उसे, 'कृष्ण द्वैपायन' नाम दिया गया।

समय बीतता गया। कुछ समय बाद पराशर मुनि ने तय किया कि वे कड़ी तपस्या करने के लिए वन में जाएँगे। पर वे यह भी चाहते थे कि बड़े होने पर उनके बालक की शिक्षा-दीक्षा का उचित प्रबंध हो। उन्होंने सत्यवती से कहा, "मैं उस समय तक वापस आ जाऊँगा, जब हमारे पुत्र की उचित शिक्षा-दीक्षा का समय आएगा।"

सत्यवती ने हामी भरी और कहा कि वह प्रतीक्षा करेगी।

जाने से पूर्व मुनि ने सत्यवती को आशीर्वाद देते हुए कहा, ''तुम बहुत प्रसिद्ध हो जाओ और हर स्थान पर तुम्हारी सुगंधि प्रसारित हो। तुम्हारी देह गंध मीलों दूर से पहचानी जाएगी और तुम आज से 'योजनगंधी' कहलाओगी।''

जब कृष्ण द्वैपायन बड़े हुए तो उन्होंने अपने पिता के पास शिक्षा-दीक्षा ग्रहण की और वे एक महान् ज्ञानी बने। जब वे एक योगी के पथ पर चलने के योग्य हो गए तो उन्होंने अपनी माता से कहा, ''हे माता जब भी आप पर कठिन अवसर आए, आप मुझे याद करें। भले ही मैं अपने उद्देश्य के लिए आपको छोड़कर जा रहा हूँ, किंतु मैं सदा आपकी सेवा में तत्पर रहूँगा।''

कृष्ण ने वेदों का गहन अध्ययन किया और उन्होंने तय किया कि वे उन्हें सामवेद, ऋग्वेद तथा यजुर्वेद में बाँट देंगे। इसके बाद अथर्ववेद को शामिल किया गया और इस तरह कृष्ण वेदों को विभाजित करनेवाले 'वेद व्यास' के नाम से जाने गए।

वेद व्यास को उनकी माता ने कई बार सहायता के लिए बुलवाया। वे युद्ध में भाग लिये बिना भी महाभारत का एक प्रमुख हिस्सा रहे हैं। सत्यवती ने व्यास से आग्रह किया कि वे हस्तिनापुर के राजसिंहासन के लिए उत्तराधिकारी उत्पन्न करने में सहायक हों। इस तरह सौ कौरवों के पिता धृतराष्ट्र, पाँच पांडवों के पिता पांडु तथा विदुर का जन्म हुआ। उन सबकी माताएँ अलग-अलग थीं।

वेद व्यास ने अंततः जाबालि मुनि की पुत्री वाटिका से विवाह किया। उनके यहाँ शुक नामक पुत्र ने जन्म लिया, जिन्हें व्यास का आध्यात्मिक उत्तराधिकारी माना जाता है। वे ही महाभारत को जन-साधारण तक लेकर आए।

यह माना जाता है कि व्यास ने भगवान् गणेश से विनती की थी कि वे महाभारत के लेखन में उनकी सहायता करें।

भगवान् गणेश ने वेद व्यास के सामने एक शर्त रखी और कहा, ''यदि आप बिना रुके लगातार सारी कथा कह सकें, तभी मैं इसे लिखूँगा।''

मुनि ने उत्तर दिया, ''ठीक है, गणेशजी आपको भी मेरी बात का अर्थ समझकर ही उसे लिखना होगा।''

भगवान् गणेश ने मुसकराकर हामी भर दी।

इस तरह मुनि व्यास ने महाभारत, विविध उपनिषदों तथा अठारह पुराणों की कथा सुनाई और भगवान् गणेश उन्हें पूरे मनोयोग से सुनने व समझने के बाद लिखते रहे। इसी कारण से वे 'ज्ञान के देवता' कहलाते हैं।

कहा जाता है कि पंजाब प्रांत की व्यास नदी 'व्यास' शब्द से निकला है, जिसका नाम व्यास मुनि के नाम पर रखा गया है, ताकि भारतीय संस्कृति के प्रति उनके योगदान का आभार प्रकट हो सके।

□

अभिशापित देव

एक बार मांडव्य नामक ऋषि थे, जिन्होंने मौन व्रत धारण किया हुआ था। वे गहन वन में वास करते थे, ताकि शांतिपूर्वक अपने आध्यात्मिक लक्ष्यों को पूरा कर सकें।

एक दिन चार चोरों ने राजा के यहाँ चोरी की और मांडव्य मुनि के आश्रम में जाकर छिप गए। राजा के सिपाही उनका पीछा कर रहे थे। सिपाहियों को भी लगा कि चोर आश्रम में छिपे होंगे। उन्होंने वहाँ बैठे मांडव्य ऋषि से पूछा, ''श्रीमान्, क्या आपने अपने आश्रम में चोरों को घुसते हुए देखा है?''

मुनि अपने मौन व्रत के कारण कोई उत्तर नहीं दे सके।

सिपाही सारे आश्रम की छानबीन करने लगे। जल्दी ही उन्हें लूट के माल के साथ चोर मिल गए और उन्होंने सबको बंदी बना लिया।

मुनि मांडव्य यह सब देखकर भी शांत और मौन रहे। सिपाहियों को लगा कि वे भी कोई चोर हैं, जो वेश बदलकर बैठा है। उन्होंने मुनि को भी बंदी बना लिया।

उस जगह का राजा इस लूट के समाचार से इतना क्रोधित हुआ कि उसने पूरी तरह जाँच तक करवाने की जरूरत नहीं समझी। उसने ऐलान किया, ''इन पाँचों चोरों ने राजा के महल में चोरी करने का जघन्य अपराध किया है इन्हें तुरंत सूली पर लटका दिया जाए।''

सिपाहियों ने राजा के आदेश का पालन करते हुए सभी को सूली पर लटका दिया। चारों चोर तो उसी समय मारे गए, पर मुनि मांडव्य अपनी

यौगिक शक्तियों के बल पर जीवित रहे।

जब महाराज को इस बारे में पता चला तो उन्हें अपनी भूल का एहसास हुआ और वे मुनि के पैरों में जा गिरे। उन्होंने कहा, "कृपया मुझे क्षमा कर दें। मुझसे भारी भूल हुई है।"

मुनि मांडव्य तो दया व करुणा की प्रतिमूर्ति थे। उन्होंने राजा को अपना आशीर्वाद दिया। इसके बाद राजा उन्हें अपने वैद्य के पास ले गए। उसने मुनि के शरीर से सारी कीलें निकाल दीं। केवल एक कील को शरीर से निकाला नहीं जा सका। उसी दिन से मांडव्य मुनि अणिमांडव्य अणि अर्थात् 'छोटी कील' के नाम से जाने जाने लगे।

उस एक कील के कारण मुनि को बहुत पीड़ा होती थी। जब वे पीड़ा को सहन नहीं कर पाए तो वे मृत्यु व धर्म के देवता यमराज के पास पहुँचे। मुनि ने कहा, "हे यमराज! कृपया मुझे बताएँ, मैंने ऐसा कौन सा पाप किया है कि मुझे इस जीवन में ऐसा कष्ट भोगना पड़ा?"

यम ने उत्तर दिया, "आपने इस जन्म में ऐसा कोई काम नहीं किया, पर आपने पिछले जन्म में तितलियों को कष्ट दिया था। आप उनको छोटी-छोटी टहनियाँ चुभोकर कष्ट देते थे। वही पाप कर्म इस जन्म में आपके साथ आ गया।"

"मैं अपने पिछले जन्म को याद नहीं कर सकता। क्या आप मुझे बता सकते हैं कि उस समय मेरी आयु क्या रही होगी, जब मैंने ऐसा पाप कर्म किया?"

"आप तब बच्चे थे, जब आपने यह पाप किया था।" यमराज ने कहा।

यह सुनकर अणिमांडव्य को बहुत बुरा लगा। "यमराज! जब बालक बारह वर्ष की आयु से पूर्व कोई पाप करता है तो वह क्षमा के योग्य होता है, क्योंकि वह बिना किसी दुर्भावना के ऐसा करता है। आप तो धर्म के देवता हैं। आपसे अपेक्षा की जाती है कि पापी को उसके पाप कर्म के अनुसार उचित दंड दें। आपने मुझे जो दंड दिया, वह मेरे पाप से कहीं बढ़कर है। मैं आपको शाप देता हूँ कि आप एक मनुष्य के रूप में जन्म लेंगे। धर्म का इतना ज्ञान होने के बावजूद आप अपने हालात के शिकार होकर रह जाएँगे।"

यमराज जानते थे कि अब उनके पास कोई उपाय नहीं था। उन्हें इस शाप को झेलना ही था। इस तरह उनका जन्म व्यास के पुत्र विदुर के रूप में हुआ। विदुर अपनी बुद्धि, कौशल तथा धर्म के ज्ञान के लिए जाने जाते थे। उन्होंने ही अपने महाराज भाई धृतराष्ट्र तथा उनके पुत्र दुर्योधन को नीति के पथ पर चलने का परामर्श दिया था; परंतु उन्होंने उनके परामर्श की उपेक्षा कर दी, अंततः महाभारत का विनाशक युद्ध सामने आया।

□

गांडीवधारी अर्जुन के विभिन्न नाम

अर्जुन पांडव भाइयों में तीसरे स्थान पर था। वह बहुत ही कौशल युक्त व दक्ष धनुर्धर, निपुण योद्धा तथा भीष्म का प्रिय था। भीष्म स्वयं एक अजेय योद्धा थे। वे कौरवों तथा पांडवों के पितामह थे।

जब अर्जुन छोटा था तो भी वह सभी भाइयों, कौरवों तथा उनके अपने भाइयों की तुलना में सबसे श्रेष्ठ धनुर्धर माना जाता था। वह अपने गुरु द्रोण का प्रिय था। कई बार दूसरे शिष्यों को यह देखकर कुढ़न होती थी। उन्हें लगता था कि गुरुदेव अर्जुन पर अधिक ध्यान देते हैं।

एक रात की बात है, गुरुकुल में तेज हवाओं के कारण मशालें बुझ गईं।

अचानक अर्जुन रसोई में खटपट की आवाज सुनकर उठा और कारण जानने के लिए वहीं चला गया। वहाँ उसने अपने भाई भीम जैसी आकृति वाला व्यक्ति देखा, जो गपागप सारा भोजन खाने में जुटा था।

अर्जुन ने चकराकर पूछा, ''भीम, यहाँ तो बहुत अँधेरा है। तुम इतने अंधकार में कैसे खा रहे हो?''

''अगर तुम किसी काम को करने का अभ्यास कर लो तो इसे कभी भी कर सकते हो, भले ही रोशनी हो या फिर अँधेरा। मैं रोज खाने का अभ्यास करता हूँ, इसलिए मुझे रोशनी होने या न होने से कोई अंतर नहीं पड़ता।'' भीम ने उत्तर दिया।

भीम के शब्दों में छिपी सत्यता का एहसास होते ही अर्जुन ने तब तक रात्रि में धनुष-बाण चलाने का अभ्यास जारी रखा, जब तक वह अंधकार

में भी निशाना लगाने में निपुण नहीं हो गया। उसने दोनों हाथों से धनुष-बाण चलाने का अभ्यास भी किया और इस तरह वह 'सव्यसाची' यानी 'उभयहस्ती' कहलाया।

अर्जुन की बहुमुखी प्रतिभा और उपलब्धियों के कारण उनके अनेक नाम प्रचलन में आए। उनका जन्म उत्तरा फाल्गुनी नक्षत्र में हुआ था, इसलिए वे 'फाल्गुन' कहलाए। किसी भी युद्ध में परास्त न होने के कारण उन्हें 'जिष्णु' शत्रुओं से कभी पराजित न होने के कारण 'विजय' तथा युद्ध में आतंक मचाने के कारण 'वीभत्सु' भी कहा जाता था।

पृथा यानी कुंती का पुत्र होने के कारण अर्जुन को 'पार्थ' व 'कौंतेय' भी कहा जाता था। पृथा यदु वंश के वासुदेव की बहन थीं। उन्हें निस्संतान कुंतीभोज को गोद दिया गया था। इसके बाद उनका नाम 'कुंती' रखा गया।

अर्जुन को इंद्र द्वारा दिए गए स्वर्गिक मुकुट को धारण करने के कारण 'किरीटी', श्वेत अश्व पर सवार होने के कारण 'श्वेतवाहना', घने और प्यारे बालों के कारण 'गुडाकेश' तथा संपदा व समृद्धि लानेवाले के रूप में 'धनंजय' भी कहा जाता था। राजसूय यज्ञ में अर्जुन के कारण ही अकूत संपदा प्राप्त हो सकी।

अर्जुन को उसके सम्मोहक व्यक्तित्व और सर्वश्रेष्ठ गुणों के कारण 'भरत' भी कहा जाता था। क्योंकि प्रजा का मानना था कि उन्हें अर्जुन में उनके पूर्वज भरत की झलक दिखाई देती थी।

एक कथा के अनुसार अर्जुन को पिछले जन्म में बदरीनाथ के पवित्र स्थल (वर्तमान उत्तराखंड) में नर के नाम से जाना जाता था। धर्म और मूर्ति देवी के यहाँ नर और नारायण का जन्म हुआ। उस समय वहाँ सहस्र कवच नामक एक राक्षस रहता था, जिसका शरीर हजार कवचों से सुरक्षित था। एक-एक कवच ऐसे ही व्यक्ति के हाथों भेदा जा सकता था, जिसने हजार वर्ष तक तप किया हो या जो राक्षस से हजारों वर्ष तक युद्ध कर सके। परंतु उस कवच को नष्ट करनेवाला उसी समय दम तोड़ देता था। पहले नर ने ध्यान किया और मरने से पहले राक्षस से हजार

वर्षों तक युद्ध किया और उसका एक कवच नष्ट करने में सफल रहा। फिर नारायण ने उसका स्थान ले लिया और तब तक युद्ध किया, जब तक नर फिर से जन्म लेकर सहस्त्र कवच की शक्ति को भंग करने के लिए ध्यान नहीं करने लगा। इस तरह नर और नारायण बारी-बारी से उसके कवच भंग करते रहे और केवल एक कवच ही शेष रह गया। हर कवच के नष्ट होने से राक्षस के भीतर की बुराई भी अंततः नष्ट होती जा रही थी। उस बिंदु पर आकर राक्षस अपने प्राण बचाने में असफल रहा। कहते हैं कि बाद में वही राक्षस कर्ण के रूप में जनमा, जिसे नर और नारायण के अवतार यानी अर्जुन और कृष्ण ने मिलकर समाप्त किया।

□

आचार्य का प्रतिशोध

पंचाल राजकुमार द्रुपद को भरद्वाज मुनि के गुरुकुल में शिक्षा ग्रहण करने भेजा गया। वहाँ उनकी भेंट मुनि के पुत्र द्रोण से हुई। वे एक निपुण धनुर्धारी थे और अपनी अलग-अलग पारिवारिक पृष्ठभूमियों के बावजूद दोनों पक्के मित्र बन गए। वे एक साथ पढ़ते, एक साथ भोजन ग्रहण करते, एक साथ खेलते और एक साथ अधिक-से-अधिक समय व्यतीत करते।

इसी तरह कई वर्ष बीत गए और अब दोनों दोस्तों के अलग होने का समय आ गया।

द्रुपद ने कहा, ''मेरे मित्र, मुझे तो आगे चलकर पंचाल का राजा बनना होगा। भले ही आज हम अलग हो रहे हैं, पर जीवन में कभी भी तुम्हें मेरी सहायता की आवश्यकता हो तो तुम मेरे पास आ सकते हो। मैं अपना आधा राज्य तुम्हें दे दूँगा। यह मेरा वचन है।''

द्रोण ने हामी भरी और भारी मन से अपने मित्र गुरुकुल से विदा ली।

द्रोण बहुत ज्ञानी होने के बावजूद निर्धन थे। उन्होंने गुरु बनकर शिष्यों को शिक्षा देते हुए धनार्जन करना चाहा, परंतु वे सफल नहीं हो सके। इस दौरान उनका विवाह कृपाचार्य की बहन कृपी से हो गया और उनके यहाँ 'अश्वत्थामा' नामक पुत्र ने जन्म लिया, परंतु उनके जीवन की परिस्थितियाँ ज्यों-की-त्यों रहीं।

एक दिन नन्हा अश्वत्थामा दूध पीने के लिए तरस रहा था, पर घर में दूध नहीं था। उसकी असहाय माता ने चावल के आटे को पानी में घोलकर पुत्र को दे दिया।

अश्वत्थामा ने एक घूँट भरकर कहा, "इसका स्वाद तो बहुत विचित्र है।"

पर कृपी ने बालक को बातों में बहलाकर वह घोल पिला ही दिया।

द्रोण भी यह सब देख रहे थे। अब उनकी सहन-शक्ति जवाब दे चुकी थी। वे अपने आप से ही कुंठित और नाराज हो गए। 'मैं भी कैसा पिता हूँ। मैं अपने ही बालक के लिए एक कटोरा दूध का प्रबंध नहीं कर सकता।'

तभी उन्हें द्रुपद के वचन की याद हो आई। उन्होंने तय किया कि वे अपने मित्र से एक गाय माँगकर लाएँगे, ताकि बालक को पीने के लिए दूध मिल सके।

और इस तरह वे पंचाल की राजधानी अहिच्छत्र जा पहुँचे। उनसे महल के द्वार पर पूछताछ हुई तो उन्होंने संदेश भिजवाया कि वे अपने मित्र महाराज द्रुपद से भेंट करना चाहते थे।

द्रुपद अब पहले जैसे नहीं रहे थे। उन्हें अब सांसारिकता का ज्ञान हो गया था। उन्होंने दरबान से कहा कि वह द्रोण को अंदर ले आए। पर मन-ही-मन यह भी सोचने लगे, 'द्रोण को निश्चित तौर पर उस वचन की याद होगी, जो मैंने उसे युवावस्था में दिया था। अब मैं एक राजा हूँ। अगर उसने मेरा आधा राज्य माँग लिया तो क्या होगा?'

द्रोण ने कक्ष में प्रवेश किया। वे भूखे और थके हुए थे। उनके वस्त्र मैले थे। उन्हें लगा कि उनका मित्र देखते ही उन्हें गले से लगा लेगा, परंतु द्रुपद अपने आसन से हिले भी नहीं। द्रोण के कुछ कहने से पहले ही वे बोले, "हे मित्र! जब मैंने तुम्हें वह वचन दिया था, तब मेरी आयु बहुत कम थी और मैं अपरिपक्व था। आशा करता हूँ कि तुम भी इस बात को समझ सकते हो कि केवल एक जैसे स्तर वाले लोगों के बीच ही मित्रता पनप सकती है। आज मैं एक राजा हूँ और तुम एक साधारण मनुष्य हो। कृपया मुझसे ऐसा कुछ न माँगना, जो तुम्हारे स्तर के अनुरूप न हो।"

द्रोण ने स्वयं को अपमानित अनुभव किया। 'द्रुपद ने तो पूछा तक नहीं कि मैं उसके पास किसलिए आया था। मैं तो अपने नन्हे पुत्र के लिए एक

गाय चाहता था, उसका राज्य नहीं। इन शब्दों के साथ द्रुपद ने न केवल मेरी सद्भावना को चोट दी है, बल्कि हमारी मित्रता का भी अपमान किया है।' उन्होंने कुपित होकर सोचा।

द्रोण ने अपने क्रोध को वश में करते हुए कहा, ''राजा द्रुपद! मैं तो केवल एक गाय पाने की कामना से आया था; पर तुमने जो कहा, सही कहा—मेरा और तुम्हारा कोई मेल नहीं है। मेरा ज्ञान तुम्हारे ज्ञान से कहीं श्रेष्ठ है। अब हमारी पुरानी मित्रता नहीं रही, इसलिए मुझे तुमसे कुछ नहीं चाहिए। मैं तुम्हारा आधा राज्य पाने के बाद पुनः तुमसे मित्रता करूँगा। तब तक तुमसे विदा लेता हूँ।''

द्रोण कक्ष से सीधा बाहर निकल गए।

जब वे अपने घर वापस जा रहे थे तो उन्हें गेंद से खेलते कुछ बालक दिखे। बालकों की गेंद एक कुएँ में जा गिरी और वे उसे उचक-उचककर देख रहे थे। वे उसे वापस पाना चाहते थे।

द्रोण उन्हें देखकर बोले, ''तुम्हारे वस्त्र देखकर लगता है कि तुम राजवंश से हो। सभी राजकुमार हो। क्या तुम अपनी गेंद वापस नहीं निकाल सकते? क्या तुम्हारे गुरु ने धनुर्विद्या का यह पाठ तुम्हें नहीं पढ़ाया?''

वे सभी चुप हो गए। द्रोण ने अपने कौशल और ज्ञान के बल पर गेंद निकाली और उन्हें सौंप दी। उनमें से एक छोटा लड़का तो उनसे इतना प्रभावित हुआ कि उसने धनुष-बाण चलाने का अभ्यास करने की ठान ली।

वे सभी बालक महल में गए और सारा प्रसंग पितामह भीष्म को सुना दिया। वह नन्हा लड़का अर्जुन था, जो द्रोण से बहुत प्रभावित हुआ था।

भीष्म को लगा कि वह अजनबी निश्चित रूप से कोई ज्ञानी है और वे तत्काल उससे मिलने चल दिए। पितामह ने देखा कि द्रोण नगर के बाहर एक धर्मशाला में ठहरे हुए थे। उन्होंने द्रोण से आग्रह किया कि वे उनके पौत्रों कौरवों एवं पांडवों को अस्त्र-शस्त्र चलाने की शिक्षा प्रदान करें।

और इस तरह द्रोण उनके गुरु बने।

दिन बीतते गए। द्रोण का पुत्र अश्वत्थामा भी उन बालकों के साथ

मिलकर पढ़ने लगा। जब वे बड़े हुए तो द्रोण के पास उनकी शिक्षा पूर्ण होने का समय आ गया। भीष्म की ओर से द्रोण को इतनी संपदा मिली, जो उनके पूरे जीवन के लिए बहुत थी; परंतु वे तो कुछ और चाहते थे। उन्होंने अपने शिष्यों से कहा, ''मैं तुम लोगों से एक अलग तरह की गुरुदक्षिणा चाहता हूँ। मैं चाहता हूँ कि तुम पंचाल जाकर राजा द्रुपद को परास्त कर दो। इसके बाद उसे एक रथ से बाँधकर मेरे आश्रम में ले आओ। इस तरह मेरी गुरुदक्षिणा संपन्न होगी।''

उनके किसी भी शिष्य ने इसका कारण नहीं पूछा।

कौरवों ने कहा, ''गुरुजी, यह तो बहुत ही आसान है। हम अभी आपकी इच्छा पूरी करके आते हैं। हम नहीं चाहते कि पांडव भी इस गुरुदक्षिणा में अपना हाथ बँटाएँ। हम अकेले ही जाना चाहेंगे।''

द्रोण ने मुसकराकर हामी भर दी।

कौरव द्रुपद से लड़ने चले गए, पर वे भी कोई साधारण शत्रु नहीं थे। उन्होंने कौरवों को हरा दिया।

जब द्रोण ने यह समाचार सुना तो उन्होंने पूरे भरोसे के साथ पांडवों को देखकर कहा, ''तुम ही मेरा अंतिम उपाय हो। आशा करता हूँ कि तुम इस काम को पूरा करके लौटोगे।''

''गुरुजी, मैं किसी भी कीमत पर इस अभियान को पूरा करूँगा। आपकी छोटी-से-छोटी इच्छा भी मेरे लिए आदेश से कम नहीं है।'' अर्जुन ने पूरे आत्मविश्वास से उत्तर दिया।

अगले युद्ध में द्रुपद पांडवों का सामना नहीं कर सके। अर्जुन ने उन्हें रथ से बाँधा और अपने गुरु के पास ले आया।

द्रोण ने कहा, ''धन्यवाद! तुम्हारा कार्य समाप्त हुआ। अब तुम जा सकते हो।'' द्रोण ने अर्जुन और दूसरे पांडवों को विदा दी।

इसके बाद उन्होंने द्रुपद के बंधन खोले और उन्हें बैठने को आसन दिया। ''द्रुपद मेरे पुराने मित्र, बैठो।''

द्रुपद ने उनकी बात पर ध्यान नहीं दिया।

"मैं समझ सकता हूँ कि मेरे शिष्यों के हाथों अपना राज्य हारने के बाद तुम्हारा मन नहीं मान रहा होगा कि तुम मेरे कहने से बैठो। पर मैं अपने और तुम्हारे पद व स्तर में इतना अंतर होने पर भी तुम्हारा सम्मान करता हूँ। मैं तुम्हारे साथ वैसा बरताव नहीं करनेवाला, जैसा तुमने मेरे साथ किया था। मैं पंचाल देश को दो हिस्से में कर दूँगा। तुम आधा राज्य और अपनी राजधानी अहिच्छत्र वापस ले सकते हो और मैं शेष राज्य रखते हुए कांपिल्य को अपनी राजधानी बना लूँगा। अब तुम मेरे रथ में एक राजा की गरिमा के अनुसार लौट सकते हो।"

द्रुपद कुछ कहने की स्थिति में नहीं थे। वे चुपचाप अपने हिस्से के राज्य में लौट गए। उन्हें इस बात पर बहुत क्रोध आया कि पांडव उनके साथ कैसे पेश आए—उन्हें जानवरों की तरह बाँधा गया, एक उपहार की तरह अपने गुरु को दिया गया और फिर दया दिखाते हुए उनका अपना ही राज्य उन्हें लौटाया गया।

'द्रोण ऐसा इसलिए कर सका, क्योंकि उसके पास अर्जुन जैसा शिष्य है और मेरा कोई सहायक नहीं।' उन्होंने सारी घटना का यह सार निकाला।

द्रुपद को अर्जुन से कोई परेशानी नहीं थी। इसके विपरीत वे उसकी वीरता और निष्ठा को सराहते थे। उन्होंने मन-ही-मन सोचा, 'यदि मेरी कोई पुत्री होती तो मैं निश्चित तौर पर उसका विवाह अर्जुन से ही करता।'

इसके बाद उनका ध्यान फिर से द्रोण की ओर चला गया। 'मैं अपने लिए एक पुत्र चाहता हूँ, जो द्रोण का अंत कर सके।' द्रुपद ने दृढ़ संकल्प के साथ कड़ी तपस्या और यज्ञ आरंभ कर दिया, ताकि एक पुत्र और पुत्री के पिता बन सकें। जब यज्ञ चल रहा था तो यज्ञपुरुष प्रकट हुए। उन्होंने द्रुपद से पूछा, "आप क्या चाहते हैं?"

"मुझे दो संतानें दें, जो बड़ी हो चुकी हों। मैं उनके पिता की तरह रहूँगा, पर उन्हें तत्काल चाहता हूँ।"

अग्नि से एक बलशाली सशस्त्र योद्धा बाहर आ गया। द्रुपद ने उसका नाम 'धृष्टद्युम्न' रखा। इसके बाद यज्ञाग्नि से एक साँवले रंग की सुंदर युवती

बाहर आई और द्रुपद ने अपने नाम पर उसका नाम 'द्रौपदी' रखा। उन्होंने दोनों को स्नेह से गले लगा लिया।

जैसा कि होना ही था, द्रौपदी का विवाह अर्जुन से हुआ और धृष्टद्युम्न ने महाभारत युद्ध के पंद्रहवें दिन द्रोण का अंत किया।

इस तरह, एक शांत आश्रम में युवावस्था में पनपी मित्रता का अंत दुःखांत में हुआ। विशेष अधिकार के साथ आनेवाला घमंड ही इसका सबसे बड़ा कारण था।

□

अग्नि देवता का भोजन

कौरव और पांडव बचपन से ही परस्पर शत्रु रहे और बड़े होते-होते उनका वैर बढ़ता चला गया। भीष्म भी जानते थे कि वे लोग एक-दूसरे को फूटी आँख नहीं सुहाते। इसलिए उनके बीच वैर को रोकने का एक ही उपाय हो सकता था कि उन दोनों के बीच राज्य को आधा-आधा बाँट दिया जाए।

नेत्रहीन राजा धृतराष्ट्र, कौरवों के पिता एवं हस्तिनापुर के शासक ने भी इस योजना के लिए हामी भरी और ऐलान किया, ''कौरव हस्तिनापुर पर राज करेंगे और पांडव यमुना नदी के किनारे खांडवप्रस्थ वन क्षेत्र को अपने अधिकार में लेंगे।''

यह विभाजन पूरी तरह से असमान था। उस वन्य भूमि पर कोई नहीं रहता था। वह एक निर्जन प्रदेश था। पर पांडवों ने पूरे आभार के साथ इस निर्णय को स्वीकारा।

जब वे खांडवप्रस्थ गए और उन्होंने भयंकर हिंसक जानवरों से भरे घने वन को देखा तो वे सोचने लगे कि उसे राजधानी कैसे बनाया जा सकता था। पर उनके मित्र श्रीकृष्ण ने सुझाव दिया, ''यह अपने मूल्यों पर आधारित एक नई धरती बनाने का अवसर है। इससे मत चूको।''

श्रीकृष्ण के सुझाव से पांडवों ने वन में ही इंद्रप्रस्थ नगरी बसाई और जल्दी ही उनकी प्रजा यहाँ उनके साथ आकर रहने लगी।

एक दिन एक वृद्ध अर्जुन और कृष्ण से भेंट करने आया। उसका शरीर

दमक रहा था और कृष्ण उसकी आँखों में अग्नि की लपट देख सकते थे। उसने कहा, "श्रीमान, मैं बहुत भूखा हूँ। मैं जो भी खाता हूँ, उससे मेरी संतुष्टि नहीं होती। क्या आप मेरी मदद करेंगे?"

"मैंने संकल्प लिया है कि अपने द्वार पर आनेवाले हर याचक की मदद करूँगा।" अर्जुन ने कहा, "मुझे बताएँ कि आप क्या खाना चाहते हैं? मैं अपनी ओर से आपका भोजन जुटाने का पूरा प्रयास करूँगा।"

एक ही क्षण में अग्नि देवता अपने यर्थात रूप में सामने आ गए। उन्होंने कहा, "किसी को जलाने से ही मेरी भूख शांत हो सकती है। मैं जाने कब से खांडव वन को खाने के लिए तरस रहा हूँ; परंतु इंद्र का मित्र तक्षक, सर्पों का राजा, अपने मित्रों सहित इसमें रहता है। जब भी मैं वन को जलाने आता हूँ तो इंद्र भारी वर्षा करके मेरा मनोरथ पूरा नहीं होने देता। अब मेरी क्षुधा असहनीय हो गई है। जब मैं खांडव वन को जलाऊँ तो क्या आप मेरी रक्षा करेंगे?"

अर्जुन ऐसा करने के लिए तैयार नहीं था। उसने पूछा, "आप इस वन को क्यों जलाना चाहते हैं?"

"मुझे हर यज्ञ में भोग दिया जाता है। तुम्हारे राज्य में प्रत्येक व्यक्ति यज्ञ करता है और मुझे आवश्यकता से अधिक खाना पड़ता है। अब मेरे पेट में रोग हो गया है। मुझे सेहत सुधारने के लिए वन की जड़ी-बूटियों का भक्षण करना होगा।"

अर्जुन ने कहा, "मैं आपकी सहायता करूँगा। मैं वन के एक ओर तथा कृष्ण दूसरी ओर खड़े हो जाएँगे, ताकि कोई आपके काम में बाधा न उत्पन्न कर सके। हमारे शस्त्र वन में होनेवाली वर्षा को भी रोक सकते हैं। पर मैं आपसे दो चीजें चाहता हूँ। मुझे मेरी सोच की गति से चलनेवाला रथ चाहिए और श्रीकृष्ण के लिए कुछ उपयुक्त अस्त्र चाहिए। अगर आप इनका प्रबंध कर सकें तो हम आपका काम अभी कर सकते हैं।"

"मेरे पास पहले से ही ऐसा रथ है, जिसे तुम ले सकते हो और मेरे मित्र वरुण के पास एक असाधारण धनुष है, जिसे 'गांडीव' कहते हैं। इस धनुष को ब्रह्माजी ने स्वर्गीय गांडि वृक्ष की लकड़ी से बनाया था। श्रीकृष्ण

के पास तो पहले से उनका सुदर्शन चक्र है।''

इस तरह अर्जुन को श्वेत अश्वों से सजा ठोस स्वर्ण का बना रथ उपहार में मिला और कृष्ण कौमूदकी नामक गदा लिये अपने स्थान पर खड़े हुए।

नियत समय पर अग्नि ने वन को जलाना आरंभ किया। देखते-ही-देखते आग की लपटें आकाश को छूने लगीं। अर्जुन और कृष्ण ने अग्नि की राह में आनेवाली हर चीज को रोक दिया। यह समाचार इंद्र को भी मिला, जो तक्षक के परिवार के लिए चिंतित रहते थे। तक्षक उस समय बाहर था, पर उसका परिवार तो वन में ही होगा।

इंद्र ने बादलों के तूफान को बुलाया और उससे कहा कि वह वन में भारी वर्षा कर दे, ताकि अग्नि को बुझाया जा सके। अर्जुन ने सारे वन को अपने बाणों से ऐसा ढँका कि वर्षा की एक भी बूँद भीतर नहीं जा सकी। इंद्र क्रोध में आकर धन के देवता कुबेर, जल देवता वरुण तथा मृत्यु के देवता यमराज के साथ धरती पर आ गए।

अर्जुन श्रीकृष्ण और देवों के बीच भयंकर संग्राम हुआ, जिसमें अर्जुन और कृष्ण ने बाजी जीत ली। इस दौरान तक्षक का पुत्र, अश्वसेन अपनी माता की सहायता से भाग गया। जब अर्जुन को यह पता चला तो उसने क्रोध में आकर तक्षक की पत्नी को मार दिया।

इस संग्राम का कोई अंत नहीं दिख रहा था। तभी आकाशवाणी सुनाई दी— ''इंद्र, तुमने बहुत प्रयास कर लिया। अब समझ जाओ कि अर्जुन और कृष्ण को कोई परास्त नहीं कर सकता।''

स्वर्ग से होनेवाली इस वाणी को सुन इंद्र संग्राम से वापस लौट गए। असुरों का शिल्पी मय भी अग्नि में फँस गया था। मय जान बचाने के लिए अर्जुन की ओर आया तो श्रीकृष्ण ने उसके प्राणों की रक्षा की।

धीरे-धीरे लपटें शांत होने लगीं और वन में सबकुछ भस्म हो गया।

अग्नि ने बूढ़े का रूप लेकर अर्जुन और कृष्ण से कहा, ''मैं तुम दोनों का आभारी हूँ। तुमने ऐसा कार्य किया, जो देवगण भी नहीं कर सकते थे। मैंने तुम्हें जो उपहार दिए, वे तुम्हारे लिए ही हैं। जब कभी तुम्हें मेरी आवश्यकता

हो तो तुम मुझे याद करना, मैं आ जाऊँगा।''

उसी दिन से अर्जुन 'गांडीवी' के नाम से भी जाने जाते हैं। महाभारत के संग्राम में उन्होंने उसी रथ, अश्व और धनुष का उपयोग किया।

इस दौरान तक्षक को अपने परिवार के विध्वंस का पता चला तो उसने प्रतिशोध लेने का संकल्प ले लिया।

अर्जुन ने मय की जान बचाई थी, इसलिए उसने वचन दिया, ''मैं आपके लिए एक भव्य महल तैयार करूँगा, जो अपने आप में अद्‍भुत होगा।''

मय ने इंद्रप्रस्थ में बहुत सुंदर एवं निराला महल तैयार किया और पांडवों ने राजसूय यज्ञ रचाया, जिसके अंत में उन्होंने अपने सारे संबंधियों को नए घर में आने का न्योता दिया।

जब दुर्योधन ने वह महल देखा तो वह सकते में आ गया। उसने सोचा, मेरे पिता में बुद्धि नहीं है। जानता हूँ कि वे देख नहीं सकते, पर क्या उनका दिमाग भी काम नहीं करता? हमें तो हस्तिनापुर की राजधानी दे दी और पांडवों को कितना सुंदर खांडव प्रस्थ दिया है। जरा देखो, इन्होंने कैसा सुंदर महल खड़ा कर दिया! यह कहीं बेहतर नगर है और इन्होंने अपना सुंदर महल भी बना लिया है।

दुर्योधन की जलन और कौतूहल छिपे न रहे। उसने तय किया कि वह महल का निरीक्षण करेगा। द्रौपदी महल के ऊपरी हिस्से में भीम के साथ खड़ी थी। वह दुर्योधन को ध्यान से देखने लगी।

दुर्योधन को अचानक अपने आगे एक ताल दिखाई दिया। वह अपनी धोती उठाकर चलने लगा। फिर उसे पता चला कि वहाँ पानी ही नहीं था। वह एक भ्रम था। फिर उसे खिड़की से बाहर फूल दिखे। वह उनकी खुशबू लेना चाहता था। पर वह उनके पास गया तो वे गायब हो गए। इसके बाद उसने स्वयं को एक सजे हुए द्वार के सामने पाया पर जब वह वहाँ से निकलने लगा तो उसका सिर टकरा गया। वह तो एक दीवार थी। कुछ ही देर बाद उसे फूलों से भरा कालीन दिखा। ज्यों ही उसने उस पर पैर रखा, वह पानी में जा गिरा। मय ने जानकर उस महल की मायावी रचना की थी। वहाँ जो दिखता था, वह वास्तव में होता नहीं था।

द्रौपदी और भीम ने उसे देखकर जोर से कहा, ''बेचारा दुर्योधन! अब अंधे का पुत्र अंधा ही होगा न।''

दुर्भाग्य से दुर्योधन ने वह बात सुन ली। तभी उसने तय किया कि वह एक दिन द्रौपदी को सबक सिखाएगा। इसके बाद पांडवों और उसके बीच जुए का खेल हुआ, पांडवों की हार के बाद द्रौपदी का चीर-हरण करने का प्रयास किया गया, पांडवों को वनवास लेना पड़ा और यही कारण महाभारत संग्राम की जड़ बना।

मय का मायावी महल पांडवों को कभी सच्ची प्रसन्नता नहीं दे सका। लोगों का मानना है कि इस तरह मय ने पांडवों से खांडव वन जलाने का प्रतिशोध लिया था।

□

अक्षय पात्र

जब पांडव वन में थे तो उनसे असंख्य लोग भेंट करने आते, जिनमें मुनि, प्रजा तथा दूसरे राज्यों के राजा शामिल थे। वे सभी उनके दुःख से दुःखी और स्तब्ध थे।

जब द्रौपदी इंद्रप्रस्थ की रानी थी तो वह स्वयं अपने अतिथियों का स्वागत करती और अपनी उदारता के लिए जानी जाती थी। पर वह वन में सबका वैसा आतिथ्य-सत्कार नहीं कर पाती थी। युधिष्ठिर ने सूर्य देव की आराधना करके एक अक्षय पात्र प्राप्त किया। वे बोले, ''यह अक्षय पात्र है। इससे जितना जी चाहे, विविध प्रकार का भोजन मिल सकता है। परंतु केवल एक ही शर्त है। जब घर की गृहिणी भोजन करने के बाद इसे धो देगी तो अगले दिन तक इस पात्र से कोई भोजन नहीं मिलेगा।''

द्रौपदी को अक्षय पात्र पाकर बहुत प्रसन्नता हुई। अब वह अपने सारे मेहमानों का भरपूर स्वागत कर सकती थी। वह पूरे दिन का भोजन तैयार करने और अपना भोजन करने के बाद ही उस पात्र को धोती थी।

जल्दी ही पांडवों के ऐसे आतिथ्य सत्कार का समाचार हस्तिनापुर भी पहुँच गया।

दुर्योधन सोचने लगा, पांडव ऐसी निर्धन अवस्था में भी सभी अतिथियों को इतना भव्य भोज कैसे दे रहे हैं ? जब उसे अक्षय पात्र का पता चला तो उसकी ईर्ष्या की सीमा न रही।

उसके मामा शकुनि के दिमाग में कोई-न-कोई योजना चलती रहती

थी। उन्हीं दिनों अपने क्रोध के लिए प्रसिद्ध दुर्वासा ऋषि हस्तिनापुर आए। दुर्योधन ने उनके पूरे दल का अच्छी तरह से स्वागत किया और उन्हें स्वादिष्ट भोजन करवाया।

दुर्वासा बोले, ''दुर्योधन, मैं तुम्हारे अतिथि–सत्कार से बहुत प्रसन्न हुआ। जो चाहिए, माँग लो। मैं तुम्हें कुछ भी दे सकता हूँ।''

दुर्योधन ने विनम्रतापूर्वक उत्तर दिया, ''हे मुनि! आप यहाँ पधारे, मैं धन्य हो गया। पर मैं चाहता हूँ कि मेरे चचेरे भाई पांडवों को भी इसी तरह आपके अतिथि–सत्कार का अवसर मिले। मैं आपसे विनती करता हूँ कि आप वन में जाकर उनका आतिथ्य ग्रहण करें और उन्हें भी अपना आशीर्वाद दें।''

फिर वह बोला, ''उनके पास कोई रसोइए नहीं हैं। वे स्वयं ही सारा भोजन तैयार करते हैं। अगर आप दोपहर के भोजन के लिए थोड़ी देर से जाएँ तो बेहतर होगा, ताकि उन्हें भोजन तैयार करने का समय मिल सके।''

शकुनि और दुर्योधन जानते थे कि पांडव दुर्वासा के इतने बड़े दल को भोजन नहीं करवा सकेंगे, क्योंकि द्रौपदी उस समय तक पात्र को धो चुकी होगी। ऐसा होने पर दुर्वासा क्रुद्ध होंगे और पांडवों को शाप दे देंगे। मामा–भानजे को अपनी योजना के सफल होने में कोई संदेह नहीं था।

इधर, दुर्वासा को उनकी योजना के बारे में कुछ पता नहीं चला। उन्होंने हामी भरी और वन की ओर चल दिए।

जब वे दोपहर बाद पांडवों के पास पहुँचे तो उन्होंने कुटिया के पास जाकर कहा, ''तुम्हारा चचेरा भाई बहुत दयालु है। उसने ही हमें यहाँ भेजा है, ताकि हम तुम सबको अपना आशीर्वाद दे सकें।''

जब पांडवों ने उनके साथ आए दल को देखा तो वे चौकन्ने हो गए।

''हम सभी स्नान करने जा रहे हैं। वहाँ से आने के बाद भोजन ग्रहण करेंगे।'' दुर्वासा यह कहकर अपने दल के साथ नदी की ओर चल दिए।

जब वे वहाँ से गए तो युधिष्ठिर झट से रसोईघर की ओर लपके। द्रौपदी अपना भोजन करने के बाद पात्र को धो चुकी थी। उन्होंने कहा, ''द्रौपदी दुर्वासा शिष्यों के बड़े दल के साथ भोजन करने पधारे हैं। वे सब स्नान करके

लौटते ही होंगे। अब हम क्या करें? अगर उन्हें भोजन न परोसा गया तो उनका शाप झेलना होगा और हम अतिथि-सत्कार के धर्म से विमुख हो जाएँगे।''

द्रौपदी ने असहाय भाव से पति को देखा।

भीम गरजा, ''यह सब दुर्योधन का किया-धरा है, अन्यथा मुनि भोजन के लिए इतनी देरी से न आते।''

सभी लोग मिलकर हल खोजने लगे। किसी को कुछ नहीं सूझ रहा था।

द्रौपदी ने श्रीकृष्ण का स्मरण किया, जो हर कठिन घड़ी में उनकी मदद करने आ जाते थे। उसने हाथ जोड़कर ध्यान लगाया और बोली, ''हे श्रीकृष्ण! मेरे प्रिय बंधु, मेरी मदद करो। मुझे आपकी आवश्यकता है।''

अचानक पांडवों ने कुटिया के बाहर रथ की आहट सुनी। भगवान् कृष्ण उनके द्वार पर खड़े थे। द्रौपदी मुसकराई, ''आप आ गए भैया! मैं आपको ही पुकार रही थी।''

''मैं तुम्हारी पुकार सुनकर आ गया। मैं अपने प्रियजन की पुकार को अनसुना नहीं करता। प्यारी बहना, बताओ कि समस्या क्या है?''

द्रौपदी ने कृष्ण को सारी बात बता दी।

कृष्ण की मुसकान गहरी हो आई—''मैं हल निकाल देता हूँ। पहले कुछ खिला दो। मैं लंबी यात्रा से आया हूँ और मुझे बहुत भूख लगी है।''

''हे कृष्ण! आप जानते हैं कि अक्षय पात्र कैसे काम करता है?'' द्रौपदी ने मायूसी से कहा।

''बहन के घर आकर भूखा रहना होगा। जाओ, वह पात्र मेरे पास लेकर आओ।''

द्रौपदी ने खाली पात्र लाकर भाई के आगे रख दिया। उस पात्र को धोने के बाद भी चावल का एक दाना, चिपका रह गया था।

कृष्ण बोले, ''भोली द्रौपदी, तुम्हें इसमें रखा अन्न का दाना नहीं दिखा। मेरे लिए यही बहुत है।''

कृष्ण ने उसे खाकर ऐसे डकार मारा मानो उनका पेट भर गया हो।

''अब तुम्हें मुनि और उनके शिष्यों की चिंता करने की जरूरत नहीं

है।'' उन्होंने कहा और वहाँ से चले गए।

इस दौरान दुर्वासा ने अपने शिष्यों के साथ स्नान किया। जब वे नदी से बाहर आए तो सभी को डकार आने लगे, मानो उन्होंने भरपेट भोजन कर लिया हो। एक शिष्य ने कहा, ''गुरुदेव, पेट इतना भरा हुआ है कि और खाने के बारे में सोच भी नहीं सकते। पांडवों ने हमारे लिए भोजन तैयार किया होगा। अगर हम बिना खाए आए तो उन्हें बुरा लग सकता है। मैं तो यही राय दूँगा कि हमें वहाँ जाना ही नहीं चाहिए।''

दुर्वासा बोले, ''मुझे भी यही उचित लग रहा है। मैं उन्हें यहीं से अपना आशीर्वाद देता हूँ। फिर हम आगे चल देंगे।''

इस तरह दुर्वासा अपने दल के साथ आगे चल दिए और पांडवों के पास नहीं आए। दुर्योधन की योजना मुँह के बल जा पड़ी। पांडवों को शाप दिलवाने का उसका सपना पूरा नहीं हो सका।

जिस दिन पांडवों को सूर्य देव से वह अक्षय पात्र मिला था, उस दिन को भारत में 'अक्षय तृतीया' के नाम से मनाया जाता है। यह पर्व अप्रैल या मई माह में आता है। इस दिन को सभी मांगलिक कार्यों के लिए शुभ माना जाता है और लोगों का मानना है कि इस दिन खरीदी गई चीज कई गुना हो जाती है। अधिकतर लोग इस दिन सोना खरीदना शुभ मानते हैं।

□

इंद्रद्युम्न की विरासत

एक दिन पांडवों के वनवास के दौरान ही मार्कंडेय ऋषि उनसे मिलने पधारे।

उन्होंने पांडवों को दिलासा देते हुए कहा, "मैं तुम्हें इंद्रद्युम्न के बारे में बताना चाहता हूँ। यह कहानी तुम्हें जीवन को बेहतर तरीके से समझने में सहायक होगी।"

राजा इंद्रद्युम्न भरत और उनकी पत्नी सुनंदा के पुत्र थे। राजा ने अनेक यज्ञ रचाए और निर्धनों को पशु व धन-संपदा दान में दी। उन्होंने बहुत सारे शुभ कर्मों का संचय कर लिया और अपनी मृत्यु के बाद स्वर्ग गए। वे वहाँ अनेक वर्षों तक रहे। जब उनके कर्मों का संचय समाप्त हो गया तो उन्हें यह देखकर बहुत खेद हुआ। इंद्र ने उनका मुख देखकर कहा, "हे राजन्! धरती पर जाकर कोई एक ऐसा व्यक्ति दिखा दो, जिसे तुम्हारे अच्छे कर्म याद हों या वह उनसे लाभ पा रहा हो। यदि तुम एक भी ऐसा व्यक्ति दिखा सके तो स्वर्ग में रह सकोगे। सच तो यही है कि मनुष्य ने कितने भी नेक कर्म क्यों न किए हों, पर वह सदा के लिए स्वर्ग में नहीं रह सकता।"

इंद्रद्युम्न धरती पर आए तो उन्हें पूरा यकीन था कि लोगों को उनके नेक कामों के बारे में अवश्य याद होगा।

उनकी पहली भेंट मुझसे हुई। इंद्रद्युम्न को पता था कि मैंने शिव की मदद से यमराज को हराया था और एक लंबे समय से धरती पर रह रहा था।

इंद्रद्युम्न ने पूछा, ''मार्कंडेय जी, आपको मेरे कर्मों के बारे में याद है मैं राजा इंद्रद्युम्न हूँ।''

''क्षमा करो, मैंने नहीं पहचाना। मेरा अधिकतर समय तो ध्यान-मनन, पठन-पाठन और तीर्थयात्रा में ही लग जाता है। हिमालय में एक बूढ़ा उल्लू रहता है, जिसकी आयु मुझसे भी अधिक है। हो सकता है कि उसे तुम्हारे बारे में स्मरण हो। मैं तुम्हें उसके पास ले चलता हूँ।''

इंद्रद्युम्न ने हामी भरी और हम उल्लू से भेंट करने के लिए हिमालय की ओर चल दिए।

राजा ने उसे अपना परिचय देते हुए कहा, ''मैं राजा इंद्रद्युम्न हूँ। तुम धरती के सबसे बूढ़े प्राणी हो। क्या तुम्हें मेरा स्मरण है?''

उल्लू ने कहा, ''मैंने तो आपको नहीं पहचाना। शायद आपने मुझसे भी पहले धरती पर जन्म लिया होगा। आप निराश न हों। निकट ही एक झील है। वहाँ मेरा मित्र सारस रहता है, जो मुझसे आयु में बड़ा है। शायद उसे आपके बारे में याद हो। चलिए, वहीं चलते हैं।''

हम तीनों झील के पास पहुँचे तो सारस ने भी यही कहा कि वह राजा को नहीं पहचानता। पर उसने बताया कि उसका दोस्त कछुओं का राजा उससे बड़ा है। शायद उसे कुछ पता हो। कछुओं के राजा ने ज्यों ही इंद्रद्युम्न को देखा तो उसकी आँखें भर आईं। वह उन्हें प्रणाम कर बोला, ''मैंने आपके बारे में अपने दादाजी से सुना था। आपके दर्शन हुए, मैं धन्य हो गया। आप अपने समय में अपनी उदारता के लिए जाने जाते थे। आपने लाखों पशु दान में दिए थे। उन गौओं के चलने से उनके खुरों से जो भूमि खुदी, उसी पर आज यह झील बनी है। इसे आज भी आपके नाम पर इंद्रद्युम्न झील कहा जाता है।''

इंद्र ने झट अपना रथ भेज दिया, ताकि इंद्रद्युम्न को स्वर्ग में लाया जा सके।

राजा को एहसास हुआ कि वे अपनी उदारता के बल पर ही जाने गए। उनके कर्मों से बनी वह झील आज भी लोगों को सुख दे रही थी।

इस तरह मुनि ने कथा समाप्त की।

वर्तमान में इंद्रद्युम्न झील पुरी के निकट है और अब भी उसमें कछुए रहते हैं। प्रजनन के दिनों में जब सारे कछुए ऋष्यकुल नदी के किनारे अंडे देने आते हैं, तब उन्हें देखा जा सकता है। इसी जगह पर दुनिया में सबसे बड़ा घोंसला बनाने वाले ऑलिव रिडले कछुए भी रहते हैं माना जाता है कि वे इस कथा में वर्णित कछुए के वंशज हैं।

□

यक्ष के प्रश्न

एक दिन जब पांडव वन में थे तो एक व्यक्ति युधिष्ठिर के पास आकर बोला, ''मुझे आपकी सहायता चाहिए।

मैंने अपने आश्रम के निकट एक पेड़ पर अरणी टाँगी थी। अचानक एक हिरण आकर पेड़ से पीठ खुजाने लगा और इसी दौरान अरणी उसके सींगों से उलझ गई। वह घबराकर तेजी से भागा और मैं उसे पकड़ नहीं सका। मैं लकड़ी के बिना यज्ञ का आरंभ नहीं कर सकता। कृपया मेरी सहायता करें।''

पांडव जानते थे कि वे आसानी से उसकी मदद कर सकते थे और वैसे भी, अपनी प्रजा की सहायता करना उनका धर्म बनता था।

पांडव मिलकर हिरण की खोज करने लगे। जल्दी ही उन्हें एक पशु दिखाई दिया। उन्होंने उसे घेरना चाहा, पर वह अलोप हो गया। हिरण बहुत फुरतीला था। हारकर वे सुस्ताने के लिए पेड़ के नीचे बैठ गए।

युधिष्ठिर ने नकुल से कहा, ''भाई, हम सबके लिए कहीं से जल ले आओ।''

नकुल ने हामी भरी और पेड़ पर चढ़कर देखने लगा। उसे निकट ही एक सरोवर दिखाई दिया। उसने सबसे कहा कि वह पानी लेकर आ रहा है।

जब नकुल सरोवर पर आया तो वह अपने सामने दिखाई दे रहे दृश्य को देख सम्मोहित हो गया। साफ-स्वच्छ जल, लताएँ व पुष्प और सुंदर वृक्ष। फिर उसे प्यास की याद आई तो उसने सरोवर में कदम रखा। वह चाहता था कि पहले अपनी प्यास बुझाए और फिर भाइयों के लिए पानी भरकर ले जाए।

जब वह पानी पीने ही वाला था कि अचानक एक तेज आवाज सुनाई दी—''नकुल, यह जल मत पीना।''

नकुल वहीं रुक गया और आसपास देखा। वहाँ कोई नहीं था।

फिर आवाज आई, ''मैं इस सरोवर का स्वामी हूँ। तुम्हें जल पीने से पहले मेरे प्रश्नों का उत्तर देना होगा। यदि मैं तुम्हारे उत्तरों से प्रसन्न हुआ, तभी तुम यहाँ से जल ले सकते हो।''

नकुल को लगा, शायद थकान के कारण ऐसे स्वर सुनाई दे रहे हैं। उसने आवाज को अनसुना किया और झुककर जल पीना चाहा।

इस बार फिर चेतावनी दोहराई गई। पर तब तक प्यासा नकुल पानी पी चुका था। ज्यों ही वह संतुष्ट होकर पीछे हटा, तो धरती पर गिर पड़ा और उसकी मृत्यु हो गई।

इस दौरान युधिष्ठिर को नकुल की चिंता होने लगी थी। उन्होंने सहदेव को भेजा कि वह जाकर नकुल को देखकर आए।

थका हुआ और प्यासा सहदेव उसी सरोवर पर आया और उसने अपने भाई को मरा हुआ पाया। उसे सँभलने में कुछ क्षण लगे; पर प्यास सहन नहीं हो रही थी, इसलिए वह सरोवर की ओर गया, ताकि पानी पी सके। पर पानी की अंजुलि भरते ही आवाज सुनाई दी, ''यदि मेरी बात न सुनी तो वही हश्र होगा, जो इस व्यक्ति का हुआ।''

सहदेव ने उस आवाज को अनसुना किया और उसी क्षण वहीं गिर गया। उसने भी प्राण त्याग दिए।

जब सहदेव भी नहीं आया तो युधिष्ठिर ने अर्जुन से कहा कि वह अपना धनुष-बाण लेकर जाए, क्योंकि उन्हें लग रहा था कि नकुल और सहदेव किसी परेशानी में उलझ गए थे।

अर्जुन ने भी अपने भाइयों को मरा देखा तो धनुष उठाकर इधर-उधर देखने लगा; पर प्यास के मारे कंठ इतना सूख रहा था कि वह भी पानी पिए बिना नहीं रह सका।

''यदि तुमने मेरी बात न सुनी तो वही हश्र होगा, जो इस व्यक्ति का हुआ।''

अर्जुन ने गरजकर कहा, ''जो भी हो, सामने आओ, वरना शब्दभेदी बाण चलाकर तुम्हें नष्ट कर दूँगा!''

उसने ज्यों ही पानी पीया तो उसका भी वही हाल हुआ, जो दूसरों का हुआ था। इसके बाद भीम आया और वह भी उसी तरह गिरकर मर गया।

अंत में युधिष्ठिर स्वयं वहीं आ गए और सभी भाइयों को मरा देख स्तब्ध हो उठे। उनके मृत शरीरों पर चोट के निशान नहीं थे। इसका मतलब था कि वहाँ कोई संघर्ष नहीं हुआ था। युधिष्ठिर जान गए कि भाइयों की मृत्यु का कारण कुछ अलग ही है।

वे सरोवर से जल पीने लगे तो उन्हें भी वही स्वर सुनाई दिया, ''युधिष्ठिर! मैं इस सरोवर का स्वामी हूँ। तुम मेरे प्रश्नों का उत्तर दिए बिना जल नहीं पी सकते। देखो, घमंड से तुम्हारे भाइयों का क्या हश्र हुआ। मेरे कुछ प्रश्नों के उत्तर दो, फिर तय करूँगा कि तुम जल पी सकते हो या नहीं।''

युधिष्ठिर बोले, ''ठीक है, प्रश्न करो, मैं उत्तर दूँगा। पर यह तो बता दो कि तुम कौन हो?''

अचानक उन्हें अपने सामने एक यक्ष दिखाई दिया। वह उन पर प्रश्नों की बौछार करने लगा—

''धरती से बड़ा क्या है?''

''माता।''

''आकाश से ऊँचा कौन है?''

''पिता।''

''वायु से तीव्र क्या है?''

''मन।''

''घास से भी तेजी से क्या उगता है?''

''चिंता।''

''संसार का सबसे बड़ा धर्म क्या है?'' यक्ष ने पूछा

''करुणा व अंत:करण।''

''किन लोगों से चिरकाल तक मैत्री हो सकती है?''

"अच्छे और नेक लोगों से।"

"अप्रसन्न रहने का कारण क्या है?"

"अपने मन को नियंत्रित न कर पाना।"

"सबसे बड़ा धन क्या है?"

"शिक्षा।"

"सबसे बड़ी प्रसन्नता क्या है?"

"संतोष।"

"मनुष्य का सबसे बड़ा शत्रु कौन है?"

"क्रोध।"

"किस रोग का उपचार नहीं है?"

"लोभ का।"

"जीवन की सबसे बड़ी विडंबना क्या है?"

"हर इनसान अनंत काल तक जीना चाहता है। हम प्रतिदिन इतने लोगों को मरते हुए देखते हैं, परंतु फिर भी हमें यही लगता है कि हमारी मृत्यु कभी नहीं होगी।"

यक्ष ने कहा, "मैं तुम्हारे उत्तरों से प्रसन्न हुआ। मैं वरदान देता हूँ कि तुम अपने किसी एक भाई को जीवित कर लो।"

"आप नकुल को जीवित कर दें।" युधिष्ठिर ने कहा

"आनेवाले युद्ध में तुम्हें अपने भाई बलशाली भीम और अर्जुन की आवश्यकता होगी। अपने सौतेले भाई नकुल को जीवित करके तुम्हें क्या मिलेगा?"

युधिष्ठिर ने यक्ष को प्रणाम कर कहा, "मेरे पिता महाराज और पांडु की दो पत्नियाँ थीं—कुंती व माद्री। मेरी माता कुंती के तीन और माद्री के दो पुत्र थे। यदि मैंने भीम या अर्जुन को जीवित किया तो माता माद्री के प्रति अन्याय होगा। उनका कोई पुत्र जीवित नहीं रहेगा। इसलिए मैंने उनके पुत्र को जीवित करने का निर्णय लिया है। यही धर्म है। हमें बिना किसी पक्षपात के शांतिपूर्वक अपने अंतःकरण की बात माननी चाहिए।"

यक्ष ने प्रसन्न होकर कहा, ''हे युधिष्ठिर! मैं बहुत प्रसन्न हुआ। मैं तुम्हें आशीर्वाद देता हूँ कि तुम इसी तरह अपने पथ का अनुसरण करते रहो। मैं तुम्हारे सारे भाइयों को जीवित कर रहा हूँ। आज से तुम 'धर्मराज युधिष्ठिर' के नाम से जाने जाओगे।''

इस तरह नकुल, सहदेव, अर्जुन एवं भीम जीवित हो उठे और उन्होंने यक्ष से क्षमा-याचना की। युधिष्ठिर ने कहा, ''मुझे पूरा विश्वास है कि आप यक्ष नहीं हैं। क्षण भर में आपने मेरे चारों भाइयों के प्राण ले लिये और फिर उन्हें जीवित कर दिया। आप भगवान् विष्णु, शिव या कोई अन्य शक्तिशाली देव हैं। कृपया अपनी पहचान हमारे सामने लाएँ।''

तभी यक्ष धर्मराज के रूप में सामने आ गए। उन्होंने कहा, ''मैं तुम सबको अपना आशीर्वाद देता हूँ। मैं ही उस निर्धन व्यक्ति के रूप में अरणी लाने की विनती लेकर तुम्हारे पास आया था। मैं तुम सबको वरदान देना चाहता हूँ। बोलो, क्या चाहते हो?''

''हे धर्मराज! हमें वरदान दें कि हम अज्ञातवास का वर्ष कुशलतापूर्वक पूरा कर सकें। अगर हम पहचान लिये गए तो हमें फिर से तेरह वर्ष का वनवास भुगतना होगा। कृपया हमें उस वर्ष में वेश बदलकर रहने में सहायक हों।''

''ऐसा ही होगा।'' धर्मराज ने कहा और अंतर्धान हो गए।

□

जन-संहार का अस्त्र

कृष्ण पांडवों के हितैषी थे। जिन दिनों पांडव वनवास में थे, कृष्ण प्राय: उनसे भेंट करने आते रहते थे।

ऐसी ही एक भेंट के दौरान कृष्ण ने अर्जुन को परामर्श दिया, "मुझे तेरह वर्ष के समापन पर एक भयंकर युद्ध के होने की संभावना दिख रही है। तुम्हारा भाई दुर्योधन तुम्हें भूमि एवं राज्य का एक अंश तक वापस नहीं करेगा। यदि उसने वापस किया तो मुझे सबसे अधिक प्रसन्नता होगी। परंतु मैं यही परामर्श दूँगा कि तुम सब बुरे-से-बुरे परिणामों के लिए तैयार रहो।

"मैं जानता हूँ कि तुम बलशाली हो; परंतु तुम्हें अपने लिए उतने ही मजबूत अस्त्र-शस्त्र भी चाहिए होंगे, ताकि तुम युद्ध में टिक सको। तुम्हें दुनिया के महान् योद्धाओं का सामना करना है; जैसे तुम्हारे पितामह भीष्म, गुरु द्रोण और उनका पुत्र अश्वत्थामा एवं कर्ण। वे सभी तुम्हारी सफलता की राह में बाधा हैं।"

अर्जुन भ्रमित हो उठा और बोला, "प्रभु, आप ही कहें, मुझे क्या करना चाहिए?"

"भगवान् शिव बहुत दयालु हैं। उनके पास पाशुपत नामक एक अस्त्र है, जो इस सारे ब्रह्मांड का विनाश कर सकता है। तुम्हें उसे ही हासिल करना होगा।"

"मैं उसे कैसे प्राप्त कर सकता हूँ?" अर्जुन ने पूछा

"भगवान् शिव की प्रार्थना करो। जब वे प्रसन्न होकर प्रकट हों तो उनसे

पाशुपतास्त्र देने के लिए कहना। वे तुम्हें इनकार नहीं कर सकेंगे। बस, तुम्हारे पास वह अस्त्र होने से ही शत्रुओं में खलबली मच जाएगी।''

अर्जुन ने चुनौती को स्वीकार किया और अपने परिवार को बताया, ''मैं इंद्रनील पर्वत पर घोर तप के लिए जा रहा हूँ। वहाँ मुझे कोई विघ्न नहीं होगा और मैं शांति से ध्यान कर सकूँगा।''

अर्जुन हिमालय स्थित इंद्रनील पर्वत पर पहुँचा और तप करने लगा। वर्षों बीत गए। भगवान् शिव को उसके तप के बारे में पता था, परंतु वे सामने नहीं आए।

अंत में पार्वती जी से रहा नहीं गया। उन्होंने अपने पति से पूछा कि वे अर्जुन को पाशुपतास्त्र क्यों नहीं दे रहे थे, जबकि वे अच्छी तरह जानते थे कि उनको उसे अर्जुन को ही देना है।

शिव ने उत्तर दिया, ''यह कोई साधारण अस्त्र नहीं है। पहले मेरे पास दो शक्तिशाली अस्त्र थे। मेरे पास 'पिनाक' नामक धनुष हुआ करता था। जब मैंने उसे उपयोग में लाना छोड़ा तो उसे राजा निमि को दे दिया था। अब मेरे पास पाशुपत ही बचा है। इसे ही अर्जुन अपने लिए चाहता है। यदि वह इसे चाहता है तो उसे यह सिद्ध करना होगा कि वह इसे पाने के योग्य है।''

पार्वती देखना चाहती थीं कि उनके पति अर्जुन की परीक्षा कैसे लेंगे। उन्होंने पूछा, ''क्या आप उसके साथ शारीरिक बल की प्रतियोगिता करेंगे?''

शिव ने हामी भरी तो वे बोलीं, ''एक योद्धा को युद्ध के दौरान कभी पीठ नहीं दिखानी चाहिए। यदि आप चाहते हैं कि अर्जुन की हार हो तो अर्जुन की पीठ का पिछला हिस्सा स्पष्ट तौर पर दिखना चाहिए।''

भगवान् शिव मान गए। वे एक आखेटक के रूप में धरती पर उतरे। उन्होंने एक जंगली सुअर को अर्जुन की ओर खदेड़ा, ताकि उसका ध्यान भंग हो सके। जंगली सुअर से खीझकर, अर्जुन ने अपना बाण चलाकर उसे मार दिया। जब वह उसके पास गया तो देखा कि सुअर के शरीर में एक और बाण लगा हुआ था। वह विचार करने लगा कि उस स्थान पर वही लंबे समय से अकेला रह रहा था। वहाँ तो कोई मनुष्य भी नहीं आता था, तो उस सुअर पर

दूसरा बाण किसने चलाया होगा?

तभी शिकारी के वेश में शिवजी आ गए और कहा, "यह मेरा शिकार है।" "मेरा बाण पहले लगा था। यह मेरा शिकार है।"

अर्जुन ने पूछा, "तुम कौन हो? पहले तो कभी नहीं देखा?"

"हो सकता है कि तुम्हें पता न चला हो, पर मैंने तुम्हें कई बार देखा है।" शिकारी ने रहस्यमयी मुसकान के साथ कहा।

अर्जुन ने मुसकान के साथ उत्तर नहीं दिया। उसने घमंड से कहा, "मैं संसार का सबसे निपुण धनुर्धर हूँ। मुझे बिना देखे शब्दभेदी बाण चलाना भी आता है। मैं तो आँखों पर पट्टी बाँधकर भी बाण चला सकता हूँ। तुमने मेरे शिकार को निशाना बनाने का साहस कैसे किया?"

अर्जुन और शिकारी के बीच बहस होने लगी। कोई भी शिकार पर दावा छोड़ने को तैयार नहीं था। अंत में तय हुआ कि उनके बीच धनुष और बाण के बिना युद्ध होगा, जिससे तय होगा कि शिकार पर किसका दावा बनता है।

जब वे द्वंद्व-युद्ध कर रहे थे तो अर्जुन की पीठ स्पष्ट रूप से शिवजी के सामने आ गई। पार्वती जी ने भी देखा। शिवजी अपने असली रूप में सामने आ गए।

जब अर्जुन को समझ आया कि वह किससे लड़ रहा था तो वह उनके चरणों में गिर पड़ा और क्षमायाचना करने लगा। शिवजी ने प्रसन्न होकर अर्जुन को पाशुपतास्त्र प्रदान किया और साथ ही चेतावनी भी दी, "अर्जुन! यह संसार का सबसे भयानक अस्त्र है। इसे तभी प्रयोग में लाना, जब तुम्हारे पास कोई और विकल्प न हो। इसे अपने से दुर्बल शत्रु पर कभी मत चलाना।"

अर्जुन ने शिव की बात को ध्यान में रखा और कभी पाशुपतास्त्र का प्रयोग नहीं किया।

यह कहानी पाशुपत अस्त्र की प्राप्ति, शबरशंकर विलास या 'किरातुर्जनीयम्' के नाम से सुनाई जाती है।

□

एक पुष्प की इच्छा

एक दिन द्रौपदी कुटिया के समीप बहनेवाली नदी में स्नान कर रही थी, तभी उसे पानी में गुलाबी रंग का एक सुंदर पुष्प दिखाई दिया। उसकी गंध इतनी प्यारी थी कि वह उसे अपने लिए पाना चाहती थी। उसने अपने आसपास के पौधे और वृक्ष देखे, पर वैसा पुष्प कहीं नहीं दिखा। वह निराश हो गई और अपना सामान लेकर वापस आ गई।

कई दिन तक द्रौपदी के मन में उस फूल की याद बनी रही। वह उसे किसी भी हाल में पाना चाहती थी। जब उससे रहा न गया तो वह वीर और रोमांचप्रिय भीम के पास गई और उन्हें गुलाबी पुष्प के बारे में बताते हुए कहा, ''हे भीम! क्या आप मुझे वह पुष्प ला देंगे?''

भीम उसी समय पुष्प की तलाश में चल दिया। वह बहुत दूर-दूर तक गया, पर वैसा पुष्प उसे कहीं नहीं दिखा, जैसा द्रौपदी ने बताया था। पर उसने हार नहीं मानी और अपनी खोज जारी रखी।

एक मार्ग से गुजरते समय अचानक उसके आगे एक वानर आ गया। वहाँ से आगे जाने का रास्ता नहीं था, क्योंकि वानर लेटा हुआ था और सारा रास्ता बंद था। भीम ने वानर से कहा कि वह उसे जाने का मार्ग दे दे।

वानर बोला, ''मैं बूढ़ा और कमजोर हूँ। क्या तुम मेरी पूँछ हटाकर एक ओर कर दोगे? इस तरह तुम्हें आगे जाने का मार्ग मिल जाएगा।''

ओह! बेचारा इतना भी नहीं कर पा रहा। चलो, मैं ही पूँछ हटा देता हूँ। भीम ने सोचा।

उसने केवल एक हाथ से यह काम करना चाहा, पर नहीं कर सका।

फिर उसने दूसरा हाथ लगाया, पर पूँछ टस–से–मस नहीं हुई। इसके बाद उसने अपना पूरा बल लगा दिया, परंतु पूँछ भारी होती जा रही थी। भीम को तो सदा अपने बल पर भरोसा था। उसे पता लग गया कि उसके सामने लेटा वानर कोई साधारण वानर नहीं था।

उसने हार मानकर कहा, ''मैं पर्वतों को हिला सकता हूँ, पर आपकी पूँछ नहीं हिला सका। आप तो महान् हैं। आप कौन हैं, प्रभु अपना परिचय दें।''

''मैं हनुमान हूँ। मैं वायु देव का पुत्र हूँ। मैं श्री राम के काल से यहीं हूँ। मैं तुम्हें एक महत्त्वपूर्ण पाठ पढ़ाना चाहता था, इसलिए मैंने तुम्हें पूँछ हटाने को कहा। कभी अपने बल एवं उपलब्धि का घमंड मत करना और किसी के बल को कम मत आँकना।''

भीम को अपने बल पर घमंड करने का बहुत अफसोस हुआ और उसने हनुमान से क्षमा याचना की।

हनुमान बोले, ''जिस समय युद्ध होगा, मैं तुम्हारे साथ रहूँगा।''

पांडवों ने युद्ध के दौरान हनुमान की पताका को अपने रथ पर स्थान दिया, ताकि वे अपने इष्ट का स्मरण कर सकें।

भीम ने हनुमान, से पूछा, ''प्रभु, मैं एक विशेष पुष्प की तलाश कर रहा हूँ। क्या आप मेरी मदद कर सकते हैं ?''

''मैंने ही द्रौपदी तक वह पुष्प भेजा था, ताकि तुम्हें यहाँ बुलाया जा सके। वह पुष्प कुबेर के उपवन में पाया जाता है। तुम वहाँ जाकर मनचाहे पुष्प ले आओ।''

भीम कुबेर की नगरी अलकापुरी गए और उस उपवन में जा पहुँचे, जहाँ कई रंगों के नाना आकार और सुगंधवाले पुष्प थे। उन्हें वहीं वह पुष्प भी मिल गया, जो द्रौपदी ने माँगा था।

वर्तमान में यह माना जाता है कि भीम व हनमुान की भेंट उत्तरांचल की घाटी में हुई थी। वैसे भी, भीम और हनुमान आपस में भाई लगते हैं। बलशाली भीम का जन्म भी वायु देवता के माध्यम से ही हुआ था। □

चतुर घटोत्कच

अर्जुन-पुत्र अभिमन्यु रिश्ते में श्रीकृष्ण का भानजा लगता था। वह वनवास के दौरान अपनी माता सुभद्रा के साथ द्वारका आ गया था। अभिमन्यु ने कृष्ण से ही युद्ध कला की शिक्षा पाई और उन्होंने ही उसे धनुष-बाण की कला में निपुण बना दिया।

कृष्ण के भाई बलराम एवं उनकी पत्नी रेवती की पुत्री का नाम शशिरेखा था। उसकी सुंदरता के चर्चे दूर-दूर तक फैले थे। बहुत से युवक उससे विवाह करना चाहते थे, पर वह तो केवल अभिमन्यु को ही चाहती थी। वह प्रतिभावान् और साहसी अभिमन्यु को अपना वर मान चुकी थी।

उसकी माता रेवती को यह मेल पसंद नहीं था। उनका कहना था कि अभिमन्यु कभी राजा नहीं बन सकेगा, क्योंकि पांडवों के पास कोई राज्य नहीं था। अगर उन्हें राज्य वापस मिल भी जाएगा तो राजसिंहासन पर पहला अधिकार द्रौपदी के पुत्रों का होगा। रेवती को लगता था कि उसकी पुत्री का विवाह दुर्योधन के पुत्र लक्ष्मण कुमार से होना चाहिए। वह अभिमन्यु से कहीं बेहतर चुनाव था।

दुर्योधन के मामा शकुनि को लगता था कि यह संबंध सही रहेगा। बलराम महान् योद्धा थे, जिन्होंने भीम और दुर्योधन को गदा चलाना सिखाया था। शकुनि को लगता था कि इस विवाह से दोनों परिवारों के संबंध मजबूत होंगे।

इस तरह शशिरेखा और लक्ष्मण कुमार का विवाह तय कर दिया गया; जबकि वधू मन से राजी नहीं थी।

अभिमन्यु बहुत दुःखी व उदास था। वह अपनी माता सुभद्रा के साथ

पांडवों के पास वन की ओर चल दिया। मार्ग में उनकी भेंट एक विशालकाय व्यक्ति से हुई।

उसने अपना परिचय दिया, ''मैं भीम और हिडिंबा का पुत्र घटोत्कच हूँ। यह वन मेरा है। आप कृपया मेरे घर पधारें। हम सब एक ही परिवार से हैं।''

अभिमन्यु अपनी माता के साथ घटोत्कच के घर चला गया।

जब वे वहाँ गए तो अभिमन्यु का ध्यान शशिरेखा में ही लगा हुआ था और वह उदास दिख रहा था। हिडिंबा अपने पुत्र से बोली, ''घटोत्कच, तुम बलशाली हो और हर तरह की माया रचना भी जानते हो। क्या तुम इनके विवाह का कोई उपाय नहीं कर सकते?''

घटोत्कच ने हामी भर दी और सीधा शशिरेखा के कक्ष में जा पहुँचा। आधी रात का समय था। वह अपने कमरे में एक अजनबी को देखकर डर गई। वह चिल्लाने ही वाली थी कि घटोत्कच ने उसे शांत करवाते हुए अपना परिचय दिया और बोला, ''मैं जानता हूँ कि तुम मेरे चचेरे भाई अभिमन्यु को चाहती हो। वह इस समय वन में मेरे घर में है। तुम चलो तो मैं तुम्हें उसके पास ले जा सकता हूँ।''

''पर मैं तुम्हारे साथ कैसे आ सकती हूँ? अगर मैं इस तरह गायब हो गई तो मेरे पिताजी का कितना अपमान होगा। समाज मेरे बारे में तरह-तरह की बातें कहेगा। वर और उसका परिवार विवाह के लिए हमारे घर आ चुके हैं।''

''शशिरेखा, तुम चिंता मत करो। मैं सबकुछ इस तरह सँभाल लूँगा कि वर स्वयं ही तुमसे विवाह करने से इनकार कर देगा। भरोसा रखो।''

शशिरेखा मान गई और घटोत्कच उसे अपनी हथेली पर बिठाकर अभिमन्यु के पास सुरक्षित ले गया। उसे वन में छोड़कर आने के बाद घटोत्कच ने माया से शशिरेखा का रूप धरा और उसके बिस्तर पर सो गया।

अगली सुबह दासियाँ राजकुमारी को उठाने आईं। किसी को पिछली रात के बारे में कुछ पता नहीं था। वे राजकुमारी को जोर-जोर से हाथ-पैर पटकते और खर्राटे भरते देखकर चौंक गईं। अचानक घटोत्कच को याद आया कि वह राजकुमारी के रूप में है और उसे उसी तरह पेश आना चाहिए।

दासियों ने आग्रह किया, ''राजकुमारीजी, तैयार हो जाइए। अतिथि आपकी प्रतीक्षा कर रहे हैं।''

''पर मुझे तो बहुत भूख लगी है। मैं पहले कुछ खाना चाहती हूँ।'' घटोत्कच ने बल दिया।

दासियों ने जो भोजन लाकर दिया, उसे तो घटोत्कच कुछ ही क्षणों में चट कर गया। जब उसने और भोजन माँगा तो दासियों को चिंता होने लगी। शशिरेखा बड़ी नाजुक सी राजकुमारी थी। वह तो अपनी थाली का भोजन भी पूरा समाप्त नहीं कर पाती थी। दासियों को समझ नहीं आ रहा था कि आज उसे हो क्या गया था। इधर राजकुमारी बने घटोत्कच का पेट इतनी आसानी से कैसे भर सकता था। वह दासियों के साथ रसोईघर में गया और उसे जो भी भोजन मिला, वह सबकुछ चट कर गया। यह देखकर रसोइए भी परेशान हो गए। अब उन्हें सारा भोजन फिर से तैयार करना था।

इस दौरान वर और उसके साथी विवाह का उत्सव मनाने में मग्न थे। लक्ष्मण कुमार को बहुत प्रसन्नता थी कि उसका विवाह शशिरेखा से होने जा रहा था। शकुनि भी खुशी से फूला नहीं समा रहा था।

अंततः, वधू को देखने का समय आ गया। जब लक्ष्मण कुमार ने शशिरेखा को देखा तो मायावी घटोत्कच ने अपने चेहरे को एक सिंह के चेहरे के समान बना लिया। बाकी सबको वह शशिरेखा का चेहरा ही दिख रहा था।

लक्ष्मण कुमार मारे भय के चिल्लाया, ''सिंह! यह तो एक सिंह है।''

शकुनि ने उसे शांत किया और फटकारा।

कुछ ही क्षणों के बाद शशिरेखा अपने हाथों में वरमाला लिए लक्ष्मण कुमार के सामने खड़ी थी। इस बार उसका चेहरा एक बाघ जैसा दिखाई दिया। यह भी घटोत्कच की माया थी।

वह वरमाला पहनाने लगी तो दूल्हा मारे डर के पीछे हट गया और बोला, ''मैं इससे विवाह नहीं करना चाहता। यह तो बहुत डरावनी है।''

फिर से शकुनि ने उसे समझाया और समारोह आगे बढ़ा।

जब दुलहन के गले में मंगलसूत्र बाँधने का समय आया तो वर को

दुलहन का चेहरा किसी चीते के चेहरे जैसा दिख रहा था।

लक्ष्मण कुमार अपने परिवार को देखकर चिल्लाया, ''यह भले ही आपके लिए एक अच्छा विवाह संबंध हो सकता है, क्योंकि शशिरेखा बलराम काका की बेटी है। इस तरह आपको युद्ध में लाभ होगा। परंतु मैं इस कन्या से विवाह करने से इनकार करता हूँ।''

दुर्योधन और शकुनि भरी सभा में शर्म से पानी-पानी हो गए। उनका रहस्य सबके सामने खुल गया था।

''मुझे तो लगा था कि तुम मेरी बेटी को अपनी बहू इसलिए बनाना चाहते थे कि तुम उसे पसंद करते हो; पर यह सब तो युद्ध में मेरा सहयोग पाने का उपाय था। मुझे नहीं लगता कि तुम्हारा पुत्र मेरी पुत्री के योग्य वर है। यदि वह होता भी तो भी मैं तुम्हारे परिवार में अपनी पुत्री देने को तैयार नहीं हूँ। यह संबंध यहीं समाप्त हो गया।'' बलराम ने कड़े शब्दों में कहा।

दुर्योधन और शकुनि लज्जित होकर अपने परिवार के साथ हस्तिनापुर वापस लौट गए।

इस दौरान शशिरेखा के माता-पिता भी बहुत उदास और निराश थे। रेवती को अपने इस निर्णय पर अफसोस हो रहा था—'अभिमन्यु हृदय से हमारी पुत्री को चाहता था, पर मैंने मानने से इनकार कर दिया। मैं अपनी बेटी का भला चाहती थी, पर मुझसे भारी भूल हुई। अगर वह यहाँ होता तो मैं आज ही शशिरेखा से उसका विवाह कर देती।'

जब घटोत्कच ने यह सुना तो वह समझ गया कि उसका काम हो गया था। वह उसी रात असली शशिरेखा को कक्ष में वापस लाया और अभिमन्यु को भी सुभद्रा सहित महल में ले आया। बलराम और रेवती अभिमन्यु को देखकर बहुत प्रसन्न हुए।

अगले ही दिन शशिरेखा का विवाह अभिमन्यु से कर दिया गया और यह सब कैसे संपन्न हुआ, इसका रहस्य केवल कृष्ण के पास था।

यह कहानी आंध्र प्रदेश एवं कर्नाटक की लोकप्रिय लोककथा है और इसने कई नृत्य व कठपुतली कलाकारों को प्रेरित किया है।

□

विश्वरूप दर्शन

जब पांडवों के वनवास की अवधि समाप्त हो गई तो वे कौरवों के पास अपना राज-पाट माँगने गए, परंतु दुर्योधन ने उसे वापस करने से इनकार कर दिया इस तरह उसने अपना वचन तोड़ दिया। पांडवों को यह देखकर भी बहुत दुःख हुआ कि उनकी सुंदर इंद्रप्रस्थ नगरी उनकी अनुपस्थिति में एक छोटा सा ग्राम बनकर रह गई थी। तब भी वे अपने भाइयों के साथ लड़ना नहीं चाहते थे। इसलिए वे कृष्ण के पास सलाह लेने गए।

श्रीकृष्ण बोले, ''मैं भी तुम लोगों की बात से सहमत हूँ। यह युद्ध सबके लिए भयंकर विनाश का कारण होगा। मेरे पास एक योजना है। मैं तुम लोगों की ओर से शांतिदूत बनकर दुर्योधन के पास जाऊँगा। मैं उनसे पाँच ग्रामों की माँग करूँगा, जो तुममें से प्रत्येक के लिए एक-एक होगा। वे ग्राम होंगे—इंद्रप्रस्थ, सोनप्रस्थ, पाणिप्रस्थ, तिलप्रस्थ व भीमस्थल। दुर्योधन का तुम्हारे प्रति जो दाय है, उसके आगे तो यह कुछ भी नहीं, परंतु मैं आशा करता हूँ कि वह इस प्रस्ताव के लिए मान जाएगा और यह मामला यहीं सुलझ जाएगा।''

कृष्ण ने दुर्योधन को दरबार में संदेश भिजवाया कि वे पांडवों की ओर से शांतिदूत बनकर आ रहे हैं। दुर्योधन मन-ही-मन डर गया। कृष्ण न केवल एक अच्छे राजनीतिज्ञ बल्कि एक अच्छे वक्ता भी थे और सामनेवाले को अपनी बातों में बहलाना भी जानते थे। दुर्योधन जानता था कि वे उसे पांडवों को उनका राज्य लौटाने के लिए विवश कर देंगे।

दुर्योधन अपनी चिंता के बावजूद हस्तिनापुर के राजकुमार के रूप में अपने आतिथ्य का दिखावा भी करना चाहता था। इसलिए उसने कृष्ण के लिए स्वादिष्ट भोजन तैयार करवाया।

कृष्ण दरबार में आए और दुर्योधन के आगे प्रस्ताव रखा कि वह पांडवों को केवल पाँच ग्राम दे दे, ताकि उनके बीच युद्ध की स्थिति टल जाए। जो भी हो, आधे राज्य के बदले में पाँच ग्रामों का मोल ही क्या था।

दुर्योधन के मित्र कर्ण ने उससे कहा, ''मैं तो यही सलाह दूँगा कि सारे राज्य और कुल की सुख-शांति के लिए यही बेहतर होगा कि तुम पांडवों को पाँच ग्राम देकर चैन से शासन करो।''

दुर्योधन ने उसकी बात नहीं सुनी। वह पांडवों से इतनी घृणा करता था कि पाँच ग्राम तक नहीं देना चाहता था। उसने कहा, ''कर्ण, यदि तुम मुझसे आधा राज्य चाहो तो मैं इसी समय तुम्हारे नाम कर दूँगा; किंतु पांडवों को कुछ नहीं दूँगा। उन्हें तो मुझसे सुई की नोक के बराबर भूमि भी नहीं मिल सकती। वे मुझसे कुछ भी पाने के हकदार नहीं हैं।''

कृष्ण ये सब बातें सुन रहे थे। अब उन्होंने दुर्योधन के पिता से कहा, ''महाराज, आपको इस मामले में हस्तक्षेप करना चाहिए। अगर आपने ऐसा न किया तो आप एक भयंकर युद्ध के उत्तरदायी होंगे। एक राज्य शांति के बीच ही फल-फूल सकता है। मैं आपसे आग्रह करता हूँ, अपने पुत्र को मेरे प्रस्ताव पर सहमत होने के लिए कहें।''

महाराज धृतराष्ट्र ने अपने पुत्र को मनाना चाहा, परंतु कोई लाभ नहीं हुआ। दुर्योधन टस-से-मस होने को तैयार नहीं था।

अंततः कृष्ण दुर्योधन को देखकर बोले, ''मैंने अपनी ओर से आगामी युद्ध को रोकने का बहुत प्रयत्न किया। अब मैं समझ गया कि यही तुम्हारा भाग्य है। तुम न केवल अपने मित्रों और परिवार के सदस्यों की मृत्यु के उत्तरदायी होगे, बल्कि इस युद्ध में बहुत सारे निर्दोष भी मरेंगे, जिनका इस युद्ध से कोई लेना-देना नहीं है। तुम उन सब नेक लोगों की मौत के भी जिम्मेदार होगे, जो मित्रता या निष्ठा के नाते तुम्हारा साथ देंगे। पत्नियाँ अपने

पति खो देंगी और माता-पिता अपनी संतानें गँवा देंगे परंतु; मुझे अब इसके सिवा कोई उपाय नहीं दिख रहा।''

वे उठ खड़े हुए और बोले, ''मैं चलता हूँ।''

''पर आपको जाने से पहले हमारे साथ भोजन कर लेना चाहिए।'' दुर्योधन ने कहा, ''मैंने इस राज्य के सबसे स्वादिष्ट पकवान आपके लिए तैयार करवाए हैं।''

''भोजन तो ऐसी ही जगह करना चाहिए, जहाँ आपके आसपास स्नेही व आत्मीय जन हों या आपको विवश होकर भूख मिटाने के लिए भोजन करना पड़े। मेरे पास दोनों ही विकल्प नहीं हैं, इसलिए विदा लेता हूँ। कृष्ण बोले।

दुर्योधन के अहं को ठेस लगी। उसने सोचा, 'ये अपने आपको समझता क्या है। यह ग्वालों के बीच पला-बढ़ा, अपना एक राज्य तक नहीं है। यह हस्तिनापुर के राजकुमार की ओर से भोजन का न्योता कैसे ठुकरा सकता है?'

उसने अपना आपा खो दिया और सैनिकों को आदेश दिया, ''इस व्यक्ति को बंदी बना लो। इसने मेरी ओर से मिले भोजन के प्रस्ताव को ठुकराने का साहस कैसे किया?''

कृष्ण को तत्काल सैनिकों ने घेर लिया।

वे मुसकराए, ''मेरा जन्म बंदीगृह में हुआ, पर फिर भी मेरे पिता को कोई जेल, अंगरक्षक, तूफान या उफनती नदी, मुझे गोकुल तक ले जाने से रोक नहीं सके। जिसने भी मुझे विष देना चाहा या मेरे प्राण लेने चाहे, अंततः उसे ही काल के गाल में समाना पड़ा। मेरा न तो कोई आदि है और न अंत। मेरे पास सबकुछ है और कुछ भी नहीं है। मैं सबकुछ देख सकता हूँ। मैं ही इस संसार का सर्जक व संहारक हूँ। तुम चाहे जितनी कोशिश कर लो, मुझे बंदी नहीं बना सकते।''

कृष्ण का आकार बढ़ने लगा और कुछ ही क्षणों में वे इतने बड़े दिखने लगे कि उनका सिर सभा-भवन की ऊँची छत को छू रहा था। सभी दंग रह गए। अचानक इतना तेज प्रकाश हुआ कि उसकी चौंध से दुर्योधन को अपनी आँखें बंद करनी पड़ीं। सभी सैनिकों को भी ऐसा ही करना पड़ा। सिर्फ कर्ण,

भीम और द्रोण, भगवान् का यह रूप देख सके। कृष्ण ने अपना विश्वरूप दर्शन दिया। वे बहुत सारी भुजाओं व शीशों के साथ दिखे। हाथों में अनेक दैवी अस्त्र लिये हुए थे। उन लोगों ने एक और दृश्य भी देखा, जिसमें भयंकर युद्ध के बीच वे सब मारे जा रहे थे।

भीष्म, श्रीकृष्ण के आगे घुटने टेककर बैठ गए।

इससे पहले कि सभी कुछ समझ पाते, कृष्ण अपने मानव रूप में आकर कक्ष से बाहर चले गए।

कर्ण कृष्ण के पीछे भागा और बोला, ''हे केशव! आप कोई साधारण मनुष्य नहीं हैं, मैं यह बहुत समय से जानता हूँ; पर आज पहली बार इसका अनुभव हुआ है। आप किसी भी समझ या व्याख्या से परे हैं। आप सब जगह हैं और कहीं नहीं हैं। मैं बहुत ही सौभाग्यशाली हूँ कि मैंने आपके विश्वरूप के महान् अवतार के दर्शन पाए। आपने मुझे दिखाया कि मेरी मृत्यु कैसे होगी और कैसे हम सभी इस युद्ध में मरने वाले हैं। परंतु मैंने देखा कि आप अर्जुन के सारथि बने हुए थे। मैं एक योद्धा होने के अलावा एक सारथि भी हूँ। क्या मुझे आज आपका सारथि बनने का सौभाग्य मिल सकता है ? आप जहाँ कहेंगे, मैं आपको वहीं छोड़ दूँगा।''

कृष्ण ने कुछ विचार कर कहा, ''गंगा की ओर चलो।''

जब वे वहाँ पहुँचे तो कृष्ण ने कहा, ''कर्ण, तुम अपने अतीत के बारे में सबकुछ नहीं जानते। भले ही तुम्हारा पालन हस्तिनापुर-नरेश के सारथि अधिरथ और उसकी पत्नी राधा ने किया, परंतु तुम भी मेरे भाई हो। तुम कुंती बुआ की पहली संतान हो। तुम सभी पांडव भाइयों में सबसे बड़े हो। यही कारण है कि तुम्हारे बहुत से गुण उनसे मिलते हैं।''

यह कहकर कृष्ण ने अपनी बात को विराम दिया। वे चाहते थे कि कर्ण को थोड़ा सँभलने का अवसर मिल जाए।

कर्ण अपने जीवन में आए इस बदलाव के लिए तैयार नहीं था। उसने कुंती को एकाध बार देखा था और हमेशा पांडवों की माता की दृष्टि से देखा। अचानक ही उसके पूरे शरीर में पीड़ा की लहर दौड़ गई। वह पांडवों का भाई

कैसे हो सकता है? अपने ही सबसे बड़े शत्रु अर्जुन का भाई! वह तो सदा से ही दुर्योधन के लिए पांडवों से लड़ने को तैयार रहता था। पर आज यह बात सोचते ही जैसे उसके शरीर का सारा रक्त सूख गया।

वह जानता था कि कृष्ण झूठ नहीं बोल रहे। उसे सदा यही लगता था कि वह अपने वंश के अनुकूल नहीं था और कौरवों के बीच भी सहज नहीं रह पाता था। उसने यह कभी सोचा ही नहीं था कि वह अधिरथ की संतान नहीं होगा। उसके माता-पिता ने कभी ऐसा कोई कारण ही नहीं बनने दिया। कृष्ण की बातें सुनकर कर्ण का मन बुरी तरह से व्यथित और भ्रमित हो उठा।

उसने कृष्ण को देखा तो उसकी आँखों में दुःख और ठगे जाने का भाव एक साथ दिख रहा था।

''आप यह सब युद्ध से ठीक पहले क्यों बता रहे हैं? अब मैं अपने ही लोगों से कैसे लड़ सकता हूँ? मैं तो कहीं का नहीं रहा।''

कृष्ण ने उसे बहलाते हुए कहा, ''सच तो सच है। अब तुम जानते हो कि तुम पांडवों में सबसे बड़े हो। तुम्हें उनके पास चले जाना चाहिए। मुझे उम्मीद है कि दुर्योधन यह बात जानने के बाद पांडवों को उनका दाय देने के लिए मान जाएगा, क्योंकि तब तुम उनके नेता बनोगे। पांडव बहुत ही आज्ञाकारी हैं। वे तुम्हें सहर्ष अपना लेंगे। केवल तुम ही इस युद्ध को रोक सकते हो।''

कर्ण कृष्ण के तर्क को सुनकर हैरान रह गया।

''हे कृष्ण! आप मुझे ऐसा करने के लिए कैसे कह सकते हैं? मैं इस तरह अपना पक्ष नहीं बदल सकता। मैं जानता हूँ कि दुर्योधन गलत है, पर वह मेरा परम मित्र है। उसकी इच्छा मेरे लिए आदेश के समान है। आपने मुझे मेरी मृत्यु दिखाई और यही मेरी नियति है। मैं अपनी अंतरात्मा के पथ का पालन करूँगा। आप बताएँ कि आप कहाँ जाना चाहते हैं, मैं आपको वहीं छोड़ दूँगा।''

कृष्ण पहले तो निराश हुए, किंतु फिर उन्होंने दुर्योधन के प्रति कर्ण की निष्ठा को सराहा। उन्होंने उसके निर्णय को स्वीकारने के बाद कहा, ''मुझे महात्मा विदुर के घर छोड़ दो। मैं वहीं भोजन करूँगा।''

कर्ण उलझन में पड़ गया और बोला, ''मैं आपसे एक प्रश्न कर सकता हूँ?''

कृष्ण ने हामी भरी।

''आपने दुर्योधन का न्योता ठुकरा दिया और अब विदुर के घर भोजन करने जा रहे हैं। क्यों?''

''विदुर मेरे मित्र है और सदा मेरे साथ दयालुता से पेश आते हैं। दुर्योधन के साथ राजसी भोजन खाने से कहीं बेहतर होगा कि मैं अपने मित्र के साथ सादा भोजन करूँ। मैं भोजन का नहीं, स्नेह का भूखा हूँ।'' कृष्ण मुसकराकर बोले।

दुर्योधन के दरबार में कृष्ण जिस रूप में प्रकट हुए थे, वह विश्वरूप दर्शन कहलाता है।

□

असाधारण योद्धा

गंगा व शांतनु के पुत्र देवव्रत आजीवन ब्रह्मचारी रहने के संकल्प के कारण 'भीष्म' कहलाए। यही महाभारत में 'भीष्म पितामह' के नाम से जाने जाते हैं।

जब विचित्रवीर्य—शांतनु और सत्यवती का पुत्र विवाह योग्य आयु का हुआ तो भीष्म ने उसके लिए एक उपयुक्त वधू चुनने का कार्यभार सँभाला। उन्होंने काशी की तीन सुंदर राजकुमारियों—अंबा, अंबिका और अंबालिका के बारे में सुन रखा था—उनका स्वयंवर रचाया जा रहा था। भीष्म ने निर्णय लिया कि वे अपने भाई के लिए उन कन्याओं को वर लेंगे।

स्वयंवर का दिन आ पहुँचा। जब भीष्म ने दरबार में प्रवेश किया तो चारों ओर सन्नाटा छा गया। स्वयंवर में भाग लेने आए अन्य राजकुमार घबरा गए। भीष्म के पद और कौशल के आगे तो सब छोटे थे।

भीष्म ने घोषणा की, "मैं इन तीन कन्याओं को अपने साथ हस्तिनापुर ले जा रहा हूँ, ताकि इनका विवाह मेरे भाई विचित्रवीर्य से किया जा सके, जो चंद्र वंश का वर्तमान नरेश है। जो भी कोई मेरा विरोध करेगा, मैं उससे लड़ने के लिए तैयार हूँ।"

किसी में भी भीष्म की बात काटने का साहस नहीं था। काशी का राजा भी भयभीत हो गया और उसने अपनी तीनों बेटियों को उनके साथ भेज दिया।

जब वे हस्तिनापुर जा रहे थे तो सबसे बड़ी कन्या अंबा ने कहा, "मैं आपके भाई से विवाह नहीं कर सकती। मैं सुबल राज्य के महाराज शाल्व से

प्रेम करती हूँ और जानती हूँ कि वे भी मेरे लिए अपने हृदय में ऐसे ही भाव रखते हैं। मैं उन्हें वरमाला पहनाने जा ही रही थी कि आप बलात् मुझे अपने साथ ले आए और मेरी इच्छा तक नहीं पूछी।''

भीष्म हैरान रह गए। उन्होंने तो सपने में भी नहीं सोचा था कि राजकुमारी अंबा के मन में कोई और वर होगा। उन्होंने रथ रुकवाया और बोले, ''तुम्हें मुझे यह बात पहले बतानी चाहिए थी। मैं तुम्हें वहीं छोड़ देता। तुम शाल्व से विवाह कर लेतीं और मैं तुम्हारी बहनों को अपने साथ ले आता।''

वे बाकी दोनों बहनों की ओर मुड़े, ''तुम लोग कुछ कहना चाहती हो?''

अंबिका और अंबालिका ने इनकार में सिर हिला दिया।

भीष्म ने अपने एक अनुचर से कहा कि वह अंबा को सुबल छोड़ आए।

अंबा ने भीष्म को धन्यवाद दिया और वे उसकी बहनों को लेकर आगे चल दिए।

अंबा अपनी यात्रा के दौरान यही सोचती रही कि शाल्व उसे देखकर कितना प्रसन्न होंगे। परंतु शाल्व ने उसे अपनाने से इनकार कर दिया और कहा, ''मैं तुमसे विवाह नहीं कर सकता। तुम भीष्म की अमानत हो। जब वे तुम्हें ले जा रहे थे तो मुझे विरोध करना चाहिए था, पर मैं आराम से बैठा रहा। अब मैं इस तरह विवाह नहीं कर सकता। मुझे क्षमा कर दो।''

अंबा हैरान रह गई। उसे कुछ सूझ नहीं रहा था। वह सोचने लगी, 'अब मैं कहाँ जा सकती हूँ? हमारे परिवार में तो विवाहिता पुत्रियाँ अपने पति के घर रहती हैं। उनसे यही अपेक्षा की जाती है। मुझे भीष्म के पास वापस जाना चाहिए।'

इस दौरान हस्तिनापुर में विचित्रवीर्य से अंबिका और अंबालिका के विवाह का समारोह मनाया जा रहा था।

भीष्म अंबा को देखकर हैरान रह गए। उसने बताया कि वह उनके पास वापस क्यों आई है। वह बोली, ''राजकुमार शाल्व मुझसे विवाह नहीं करना चाहता और मैं आपके भाई से विवाह नहीं करना चाहती। मैं चाहती हूँ कि आप ही मुझसे विवाह करें, क्योंकि आप स्वयंवर से मेरा हरण करके लाए

हैं। आपको मुझे पत्नी के रूप में स्वीकार करना होगा। यही उपयुक्त रहेगा।''

भीष्म उसके तर्क को सुनकर स्तब्ध रह गए। उन्होंने कहा, ''सारा संसार जानता है कि मैंने ब्रह्मचर्य का व्रत ले रखा है। मैं तुमसे विवाह नहीं कर सकता। ऐसा करने का सवाल ही नहीं पैदा होता। क्या मैं राजकुमार शाल्व से बात करूँ? संभवत: वह मेरी बात मान ले। या फिर तुम किसी और से विवाह कर सकती हो। मैं तुम्हारी ओर से विनती करने के लिए प्रस्तुत हूँ।''

अंबा अपने हठ पर अड़ी रही और उनके बीच तर्क-वितर्क छिड़ा रहा।

अंतत: अंबा महल से निकलकर वन में चली गई। वह जानती थी कि भीष्म परशुराम के शिष्य थे और उनके आज्ञाकारी शिष्य के रूप में जाने जाते थे। वह परशुरामजी के पास गई और उन्हें सारी बात बताई।

परशुराम ने भीष्म को संदेश भिजवाया, ''भीष्म, तुम्हें अंबा से विवाह करना होगा। तुम ही उसकी इस दशा के उत्तरदायी हो। यह मेरा आदेश है।''

भीष्म अपने गुरु के पास दौड़े आए और उन्हें अपना पक्ष बताया। उन्होंने प्रणाम कर कहा, ''हे आदरणीय गुरुदेव! यदि आपको उपयुक्त लगे तो आप मेरा शीश काट सकते हैं। परंतु मैं भीष्म हूँ मेरा संकल्प किसी भी दशा में टूट नहीं सकता। मैं किसी से विवाह नहीं कर सकता।''

परशुराम बहुत क्रोधी स्वभाव के थे। उन्होंने अपने शिष्य को युद्ध करने की चुनौती दे दी, जिसे भीष्म ने स्वीकार लिया।

और इस तरह उनके बीच भयंकर युद्ध हुआ, जिसमें शिष्य की जीत हुई।

परशुराम अंबा की ओर मुड़े कहा, ''क्षमा करना। मैंने अपनी ओर से सबकुछ किया। भीष्म इस धरती का असाधारण योद्धा है। मुझे गर्व है कि मैं उसका गुरु हूँ। तुम्हें अपना मार्ग अब स्वयं चुनना होगा।''

और परशुराम फिर से ध्यानमग्न हो गए।

भीष्म ने अंबा से पुन: आग्रह किया, ''भाग्य के आगे हार मानकर समझौता कर लो।''

अंबा ने कुछ भी सुनने से इनकार कर दिया। वह चिल्लाई, ''तुमने मेरा जीवन नष्ट कर दिया। एक दिन मैं ही तुम्हारी मृत्यु का कारण बनूँगी।''

भीष्म हस्तिनापुर वापस लौट गए और अंबा तप करने के लिए वन में ही रही। उसने कई साल तक तपस्या की। शिवजी प्रकट हुए और उससे वरदान माँगने को कहा।

अंबा बोली, "मैं अपने अगले जन्म में भीष्म की मृत्यु का कारण बनना चाहती हूँ।"

इस तरह अंबा राजा द्रुपद के घर शिखंडी नामक नपुंसक के रूप में जनमी।

वर्षों बीत गए और महाभारत के युद्ध का समय निकट आ गया।

कृष्ण ने पांडवों का पक्ष चुना था, परंतु यह भी कहा कि वे अस्त्र नहीं उठाएँगे।

जब भीष्म ने यह सुना तो वे बोले, "कृष्ण, मैंने आपके संकल्प के बारे में सुना है कि आप कोई अस्त्र या शस्त्र नहीं उठाएँगे; पर मैं देखता हूँ कि आप अपने संकल्प पर कैसे दृढ़ रहोगे।"

कृष्ण ने उन्हें उत्तर दिया कि वे अपनी बात पर डटे रहेंगे।

केवल आनेवाला समय ही बता सकता था कि क्या होने वाला था?

जल्दी ही दोनों पक्षों के बीच युद्ध के नियम तय हो गए। एक, सारथि को हानि नहीं पहुँचाई जा सकती है या उसका वध नहीं किया जा सकता और दूसरा, युद्ध सूर्योदय से आरंभ होगा तथा सूर्यास्त होते ही समाप्त होगा। रात को सिपाही एक-दूसरे के खेमों में आ-जा सकेंगे।

पहले दिन, भीष्म के तीर अर्जुन को आकर लगे। कृष्ण को भी तीर लगे, पर वे कौशल से रथ को वहाँ से हटा ले गए।

जब कृष्ण को फिर से तीर आकर लगा तो वे जान गए कि ऐसा जान-बूझकर किया जा रहा था। यह तो नियम का उल्लंघन था। वे क्रोध में आकर रथ से उतर गए। उन्होंने अपना चक्र उठा लिया और सोचा, भले ही मेरा संकल्प टूटे, पर भीष्म को नियम तोड़ने का दंड मिलना ही चाहिए।

भीष्म भी रथ से उतरे और कृष्ण से बोले, "हे प्रभु! मुझे मारकर इस धरती का सबसे सौभाग्यशाली प्राणी बना दें। मैं प्रसन्न हूँ कि आपने शस्त्र उठा

लिया। मुझे विष्णु के दो अवतारों—परशुराम और आपसे युद्ध करने का अवसर मिला। अगर आज आपके हाथों मारा गया तो सीधा स्वर्ग प्रस्थान करूँगा।''

कृष्ण को अपनी भूल का एहसास हुआ और उन्हें अपनी एवं भीष्म की बातचीत याद आ गई। वे समझ गए कि भीष्म जानकर उन्हें भड़का रहे थे, ताकि उनके हाथों मृत्यु पा सकें। उन्होंने कहा, ''नहीं, आपकी मृत्यु मेरे हाथों नहीं होगी। वह किसी दूसरे तरीके से होनी तय है।'' यह कहकर कृष्ण अपने रथ पर वापस आ गए।

भीष्म इतने बलशाली थे कि अकेले ही पांडवों की बड़ी सेना को अपने वश में कर सकते थे। पांडवों को चिंता होने लगी। इस तरह तो जल्दी ही उनकी सारी सेना का अंत हो जाएगा।

कृष्ण ने युधिष्ठिर को सलाह दी, ''जाओ, जाकर पितामह भीष्म का आशीर्वाद लो।''

युधिष्ठिर को कृष्ण पर पूरा भरोसा था। वे सूर्यास्त ढलने के बाद भीष्म के खेमे में गए। वे युद्ध आरंभ होने के बाद से उनसे भेंट नहीं कर सके थे और अब, एक शत्रु नहीं बल्कि पौत्र के रूप में जा रहे थे।

भीष्म उनसे मिल कर प्रसन्न हुए। जब युधिष्ठिर ने उनके चरण-स्पर्श किए तो उन्होंने कहा, ''विजयी भव!''

युधिष्ठिर ने उनसे कहा, ''यदि आप शत्रु पक्ष में खड़े रहे तो मेरी जीत कैसे हो सकती है?''

भीष्म मुसकराए, ''हम्म, पर मुझे तो दुर्योधन की ओर से अंत तक लड़ना ही होगा, जब तक दूसरी ओर से पुरुष लड़ रहे हैं।''

युधिष्ठिर ने समझकर हामी भरी। इसका अर्थ था कि भीष्म किसी ऐसे से नहीं लड़ेंगे, जो पुरुष नहीं होगा।

जब वे जाने लगे तो भीष्म ने कहा, ''कृष्ण ने ही तुम्हें भेजा होगा, ताकि मुझे पराजित करने का उपाय मिल सके। भले ही वे लड़ न रहे हों, पर उनसे बड़ा रणनीतिज्ञ कोई नहीं है।''

भीष्म ने अपने हाथों अपनी मौत का रहस्य दे दिया था; पर वे उदास नहीं थे।

युधिष्ठिर ने आकर यह बात कृष्ण को बता दी। वे शीघ्र ही शिखंडी के पास जाकर बोले, ''कल तुम अर्जुन और भीष्म के बीच जाकर खड़े हो जाना। बस, तुम्हें कुछ और नहीं करना।''

अगले दिन शिखंडी अर्जुन और भीष्म के बीच था। भीष्म पहचान गए कि वह पिछले जन्म की अंबा थी, जो उनकी मौत का कारण बनने आई थी। उन्होंने आत्मसमर्पण कर दिया। उन्होंने शिखंडी से लड़ने से इनकार कर दिया और शांत भाव से खड़े हो गए।

कृष्ण उन्हीं पलों की प्रतीक्षा में थे। उन्होंने अर्जुन को संकेत दिया कि भीष्म को मारने का समय आ गया है। पर अर्जुन भावुक हो उठा।

कृष्ण ने कहा, ''यदि विजय चाहते हो तो ऐसा करना ही होगा, अन्यथा इसके सिवा कोई उपाय नहीं है।''

अर्जुन ने काँपते हाथों से एक के बाद एक तीर चला दिए। भीष्म का पूरा शरीर तीरों से बिंध गया और वे पीड़ा से कराहते हुए शर-शय्या पर जा गिरे।

अंबा का प्रतिशोध पूरा हुआ।

□

महान् रणनीतिज्ञ कृष्ण

मगध राज्य के शासक बृहद्रथ का विवाह दो राजकुमारियों से हुआ था। बहुत समय बीतने के बाद भी उनके घर किसी संतान ने जन्म नहीं लिया। राजा बहुत उदास रहने लगे। वे सदा यही सोचते रहते थे कि इस समस्या का क्या हल निकाला जाए।

एक दिन उन्हें चंडकौशिक नामक मुनि मिले और राजा की समस्या सुनने के बाद उन्होंने हल सुझाया। उन्होंने राजा को एक जादुई फल दिया। उन्हें पता नहीं था कि राजा की दो रानियाँ हैं। उन्होंने एक ही फल दिया और बोले, ''इसे अपनी रानी को खिला देना। उसे संतान-सुख प्राप्त होगा।''

वे तो फल देकर चले गए, पर राजा को ऐसा लगा कि किसी एक रानी को पूरा फल देना ठीक नहीं होगा। उन्होंने उसके दो भाग किए और दोनों रानियों ने आधा-आधा प्रसाद खा लिया।

जल्दी ही दोनों रानियाँ गर्भ से हुईं और सारे राज्य में खुशियाँ मनाई गईं। नौ माह बाद दोनों रानियों ने बालकों को जन्म दिया, परंतु वे आधे शिशु थे, मानो किसी ने उन्हें लंबाई में चीरकर दो कर दिया हो। यह देखकर राजा को बड़ा सदमा लगा। उन्होंने आदेश दिया कि उन मृत नवजातों को वन में छोड़ दिया जाए।

वे लोग शिशुओं को वन में छोड़कर महल वापस आ गए। वन में 'जरा' नामक राक्षसी रहती थी। उसे मानव देह की गंध मिली तो वह शिशुओं के पास आई। उसने दोनों को हाथ में उठाया और जाने उसके मन में क्या आया

कि वह शिशुओं को बहुत पास ले आई। किंतु यह क्या, वे दोनों तो किसी पहेली के हिस्सों की तरह आपस में जुड़कर एक बालक बन गए। एक जीवित बच्चा उसकी गोद में रोने लगा।

उस बालक को खाने के लिए जरा का मन नहीं माना। उसे पता था कि वे राजा की संतान थे, इसलिए वह उन्हें राजा के पास ले गई और सारी बात बताई। राजा तो खुशी से फूला नहीं समाया। उसने जरा से कहा, "मैं तुम्हारा एहसान कभी नहीं चुका सकता। मैं इस शिशु को 'जरासंध' नाम देता हूँ, यानी ऐसा बालक जिसे जरा ने जोड़ा हो।"

जरासंध बड़ा होकर अपने पिता की तरह प्रभावशाली राजा बना। वह बहुत ही आततायी था। वह भी पिता की तरह अपने राज्य का विस्तार चाहता था। उसने कई तरह के दुश्मन और दोस्त पैदा कर लिये, जैसे चेदि नरेश शिशुपाल आदि।

राज ज्योतिषियों ने जरासंध को कहा था कि यदि वह सौ राजाओं को बंदी बनाकर मार डाले तो इससे उसे और अधिक भूमि जीतने तथा सम्राट् बनने में मदद मिलेगी। उसने अपने मित्रों की मदद से यह लक्ष्य पूरा कर लिया।

इस दौरान उसकी जुड़वाँ बेटियों अस्ति और प्राप्ति का विवाह मथुरा के राजा कंस से हुआ। जब कंस को उसके भानजे कृष्ण ने मार दिया तो अस्ति और प्राप्ति पिता के घर लौट आईं। जरासंध ने अपने जामाता की मौत का बदला लेने का संकल्प लिया और इस तरह कृष्ण से उसकी पक्की शत्रुता हो गई।

वह अपनी विशाल सेना को लेकर कृष्ण की नगरी मथुरा पर चढ़ आया। कृष्ण अपनी प्रजा के साथ वहाँ से निकल चुके थे, ताकि दूसरी जगह जाकर नया राज्य बसा सकें। उनके सभी भक्तों ने कहा, "भागना तो कायरता की निशानी है। आपको लड़ना चाहिए। अगर आज आप भाग गए तो आनेवाली पीढ़ियाँ आपको एक नेता की बजाय कायर के रूप में जानेंगी।"

कृष्ण ने उत्तर दिया, "इससे कोई अंतर नहीं पड़ता कि लोग मुझे क्या कहेंगे। आज जरासंध और उसके मित्रों की विशाल सेना के आगे हमें हारते

देर नहीं लगेगी। मैं अपने लोगों को मृत्यु के मुख में भेजने की बजाय कायर कहलाना पसंद करूँगा।''

कृष्ण अपनी प्रजा को सागर किनारे ले गए और वहाँ द्वारिका नगरी बसाई गई।

जरासंध मथुरा आया तो नगरी खाली हो चुकी थी। उसने मारे क्रोध के सारी नगरी जलाकर राख कर दी और अपने राज्य वापस लौट गया।

वह अब भी प्रतिशोध की आग में जल रहा था उसने शिशुपाल के साथ मिलकर कृष्ण के खिलाफ योजना बना ली। शिशुपाल भी रिश्ते में कृष्ण का भाई लगता था। जरासंध ने शिशुपाल को प्रोत्साहित किया कि वह विदर्भ कुमारी रुक्मिणी से विवाह कर ले, ताकि वह आवश्यकता पड़ने पर अपनी सेना को उनके राज्य से ले जा सके। दुर्भाग्य से यह योजना भी काम नहीं आई, क्योंकि रुक्मिणी कृष्ण को चाहने लगी थी और उन दोनों का विवाह हो गया।

शिशुपाल और जरासंध के क्रोध की सीमा नहीं रही।

समय के साथ-साथ कृष्ण ने जरासंध का अंत करने का निर्णय ले लिया। जब युधिष्ठिर इंद्रप्रस्थ नगरी में राजसूय यज्ञ रचने की योजना बना रहे थे तो कृष्ण ने उन्हें मना लिया कि वे अर्जुन और भीम की मदद से जरासंध का अंत करेंगे। वे तीनों मगध की राजधानी राजगृह जा पहुँचे। जरासंध भगवान् शिव का परम भक्त था और प्रतिदिन यज्ञ करता था। वह उस समय अपनी प्रजा की सारी माँगें पूरी करता था।

कृष्ण, अर्जुन और भीम निर्धन ब्राह्मणों के वेश में यज्ञ के बाद राजा से मिले।

''मुझे धन नहीं चाहिए। मैं चाहता हूँ कि आप मेरे साथ कुश्ती लड़ें।'' भीम ने कहा।

जरासंध को यह माँग बड़ी अजीब लगी, पर उसने कहा, ''अगर तुम मल्ल युद्ध ही करना चाहते हो तो यह एक समान लोगों के बीच होना चाहिए। मैं स्वयं दूसरे व्यक्ति को चुनूँगा।''

जरासंध ने देखा कि तीनों में से भीम ही तगड़ा था। उसने उसे ही चुन

लिया। पर उसने बहुत ध्यान से देखने पर तीनों को पहचान लिया और बोला, ''मैं देख सकता हूँ कि भीम, अर्जुन और कृष्ण ही वेष बदलकर मेरे समक्ष आए हैं। पहले मैं मल्ल युद्ध में भीम से निपट लूँ, फिर अर्जुन और कृष्ण का भी काम तमाम कर दूँगा।''

इसके बाद उनके बीच चौदह दिनों तक मल्ल युद्ध होता रहा। दोनों ही बलशाली थे, इसलिए हार या जीत का निर्णय नहीं हो पा रहा था।

कृष्ण जानते थे कि जरासंध का जन्म कैसे हुआ। उन्होंने तय किया कि वे अगले दिन भीम को इस बारे में संकेत देंगे, ताकि जरासंध को हराया जा सके। अगले दिन कृष्ण ने एक तिनका हाथ में लिया और उसे लंबाई में दो टुकड़े कर दिया। भीम को उनकी बात का अर्थ समझ आ गया। उसने जरासंध को पकड़ा और उसे बीच से चीर दिया। किंतु यह क्या, जरासंध का शरीर फिर से जुड़कर एक हो गया। भीम बहुत चकराया। इसके बाद कृष्ण ने भीम को संकेत दिया कि उसे जरासंध के दो टुकड़े करने के बाद उसके दोनों हिस्सों की एक-दूसरे की ओर पीठ कर देनी है। इस तरह से ये हिस्से आपस में नहीं जुड़ सकेंगे। भीम ने इस बार वैसा ही किया और जरासंध की मृत्यु हो गई।

कृष्ण ने सारे बंदी राजाओं एवं युवतियों को मुक्त किया और जरासंध के पुत्र सहदेव को मगध का राजा बना दिया। कृष्ण संसार को दिखाना चाहते थे कि उन्होंने वह युद्ध जरासंध का राज्य पाने के लिए नहीं, बलकि बुराई से लड़ने के लिए लड़ा था।

इसके बाद सहदेव मुक्त हुए राजाओं के साथ युद्ध में पांडवों का साथी बना।

आज भी कृष्ण का एक नाम 'रणछोड़' भी है, यानी रण के मैदान से भागनेवाला। वर्तमान द्वारिका नगरी गुजरात राज्य में सागर के तट पर स्थित है। □

मैं किसका पक्ष लूँ?

कृष्ण का सांब नामक पुत्र था, जिसका विवाह दुर्योधन की पुत्री लक्ष्मणा से हुआ था। जब युद्ध तय हो गया तो लक्ष्मणा चाहती थी कि कृष्ण उसके पिता की सहायता करें; जबकि उसे यह भी पता था कि कृष्ण पांडवों के संबंधी हैं और उनके आदर्शों व मूल्यों की वजह से उन्हें बहुत पसंद भी करते हैं।

बहुत विचार के बाद कृष्ण ने अर्जुन और दुर्योधन को महल में बुलवाया।

दुर्योधन कक्ष में पहले आया। कृष्ण सो रहे थे।

कुछ देर बाद अर्जुन आया तो उसे भी वहीं भेज दिया गया। वह संकोच के साथ कक्ष में आया। वह कृष्ण को जगाना नहीं चाहता था, इसलिए वहीं उनके पैरों के पास धरती पर बैठ गया।

कुछ देर बाद कृष्ण उठे, जो अब तक सोने का दिखावा कर रहे थे। उन्होंने अर्जुन को अपने पैरों के पास पहले देखा। फिर वे एक ओर मुड़े तो दुर्योधन दिखाई दिया। उन्होंने दोनों का स्वागत किया।

''हम आनेवाले युद्ध में आपसे सहायता की अपेक्षा रखते हैं।'' दुर्योधन ने कहा।

कृष्ण बोले, ''तुम दोनों ही मदद चाहते हो, इसलिए दोनों को चुनाव की सुविधा मिलेगी। एक को मेरी नारायणी सेना मिलेगी और दूसरे को मेरा साथ मिलेगा, पर मैं निःशस्त्र रहूँगा।''

दुर्योधन मन-ही-मन सोचने लगा कि, अगर उसे कृष्ण की नारायणी

सेना मिल जाए तो उसे दुनिया में कोई नहीं हरा सकता। अगर कृष्ण युद्ध में लड़ना ही नहीं चाहते तो उनके होने से क्या लाभ। पूरी सेना के आगे उनकी रणनीति या सलाह किस काम आएगी।'

यह सोचकर उसने कृष्ण से कहा कि 'वह पहले चुनाव करना चाहता है॥ पर कृष्ण ने यह अवसर अर्जुन को दिया, क्योंकि उन्होंने पहले उसे ही देखा था।

अर्जुन बोला, ''मैं आपकी सेना के स्थान पर आपको चुनता हूँ। आप चाहे लड़ें या न लड़ें, मुझे युद्ध में आपका साथ चाहिए।''

दुर्योधन प्रसन्न हो उठा। नारायणी सेना के साथ उसकी जीत पक्की थी।

इस तरह अर्जुन और दुर्योधन वापस घर लौट गए। कृष्ण उन्हें जाता देख मुसकराते रहे।

जब दुर्योधन हस्तिनापुर आया तो उसने सबको अपने चुनाव के बारे में बताया। शकुनि ने उसकी पीठ थपथपाई और कहा, ''बहुत अच्छे! केवल कृष्ण को अपने साथ रखने से हमें कुछ न मिलता।''

भीष्म को यह चुनाव पसंद नहीं आया। उनका कहना था कि नारायण के बिना नारायणी सेना किसी काम नहीं आएगी। वे कृष्ण के रूप में एक महान् रणनीतिज्ञ को देख रहे थे, जिसे आज पांडवों ने अपने लिए चुन लिया था।

इस दौरान पांडवों के घर युधिष्ठिर के उल्लास की सीमा नहीं थी। उनका कहना था कि कृष्ण भले ही हथियार न उठाएँ, पर वे उन्हें बताएँगे कि कैसे और कब लड़ना है।

अंत में, पांडवों ने कृष्ण की रणनीतियों के बल पर ही युद्ध में विजय हासिल की।

□

पाँच सुनहरे बाण

महाभारत का युद्ध कुरुक्षेत्र के मैदान में लड़ा गया, जो अठारह दिनों तक चला। पहले दस दिन के दौरान कौरवों के सेनापति वृद्ध और आदरणीय भीष्म पितामह रहे। अपनी आयु के बावजूद वे एक महान् योद्धा थे और उन्होंने भारी संख्या में सिपाहियों को मार गिराया।

हालाँकि दुर्योधन प्रसन्न नहीं था। उसने देखा कि भीष्म पितामह किसी भी पांडव को मारने का प्रयास नहीं कर रहे थे। वह जानता था कि भीष्म को पांडवों से कितना स्नेह था। यह देखकर उसे बहुत बुरा लग रहा था।

जब उससे रहा नहीं गया तो वह एक रात उनके खेमे में गया और बोला, ''पितामह, आप एक अच्छे योद्धा हैं, पर मैं आपसे लज्जित हूँ। आप दुनिया के महान् योद्धा एवं परशुराम के शिष्य हैं और अब तक एक भी पांडव को नहीं मार सके। कहीं आप गुप्त रूप से उनके पक्ष से तो नहीं लड़ रहे ?''

भीष्म को सुनकर दुःख हुआ। उन्होंने किसी तरह स्वयं को शांत किया और दुर्योधन से बोले, ''तुम मुझसे ऐसा कैसे कह सकते हो। संसार जानता है कि मैं अपने वचन का कितना पक्का हूँ।''

फिर उन्होंने अपने तूणीर से पाँच बाण निकाले और दुर्योधन के आगे करते हुए उन्हें छूकर एक मंत्र पढ़ा। फिर वे बोले, ''मैंने इन पाँच बाणों में अपना सारा बल और शक्ति भर दी है। ये पाँच पांडवों के लिए हैं। अगर मैंने युद्ध में इनका उपयोग किया तो वे बच नहीं सकते।''

दुर्योधन ने मन में सोचा कि अगर पितामह ने उन बाणों का उपयोग

किया तो निश्चित रूप से पांडव नहीं बचेंगे, पर वह उन पर पूरा भरोसा कैसे कर सकता था। उसने कहा, ''आप इन्हें मुझे दे दीजिए। मैं आपको कल वापस कर दूँगा।''

भीष्म सब समझ गए और बोले, ''मैंने ही बाणों को पांडवों को मारने के लिए अभिमंत्रित किया है और तुम्हें मुझ पर ही विश्वास नहीं है।''

पर दुर्योधन किसी तरह उनसे वह बाण माँगकर ले गया।

कृष्ण के पास गुप्तचर के माध्यम से सुनहरे बाणों की खबर पहुँची तो उन्होंने अर्जुन को उसके बारे में बताया।

फिर उन्होंने अर्जुन को याद दिलाया कि वनवास के दौरान अर्जुन का गंधर्वों से सामना हुआ था।

अर्जुन को वह घटना याद आ गई।

एक बार दुर्योधन ने अपने मित्रों के साथ पांडवों की कुटिया के निकट ही खेमा लगा दिया, ताकि उन पर नजर रख सके। जब वह वन में भटक रहा था तो अचानक उसकी भेंट एक गंधर्व से हुई और उनके बीच बहस छिड़ गई। गंधर्वों और दुर्योधन के बीच की बहस झड़प में बदल गई। गंधर्वों ने दुर्योधन को हरा दिया। वे उसे पेड़ से बाँधकर उसका उपहास करने लगे।

युधिष्ठिर के कहने से अर्जुन ने जाकर दुर्योधन को बचाया।

दुर्योधन को बहुत लज्जा आ रही थी। उसे लगा कि इस सहायता के बदले में अर्जुन को कुछ देना चाहिए। उसने कहा, ''तुमने गंधर्वों से मुझे बचाया है। मैं तुम्हें कुछ देना चाहता हूँ। जो जी में आए, माँग लो।''

''मुझे कुछ नहीं चाहिए। मैं केवल इसलिए यहाँ आया, क्योंकि ज्येष्ठ भ्राता युधिष्ठिर ने आने को कहा था।''

जब दुर्योधन नहीं माना तो अर्जुन ने कहा कि यदि उसे कुछ चाहिए होगा तो वह भविष्य में माँग लेगा।

अर्जुन ने ही वह प्रसंग कृष्ण को सुनाया था, परंतु स्वयं ही भूल गया था। कृष्ण ने अर्जुन को याद दिलाया कि वे बाण उन भाइयों की हत्या का कारण बन सकते थे। उसे वे बाण दुर्योधन से लेने होंगे।

अर्जुन उसी रात दुर्योधन के पास गया।

उसने अभिवादन के बाद दुर्योधन को गंधर्वों वाली बात के बारे में याद दिलाया। दुर्योधन ने हामी भरी तो अर्जुन ने स्पष्ट शब्दों में कहा, ''मैं वे पाँच बाण चाहता हूँ, जो आपको आज पितामह से मिले हैं।''

दुर्योधन के पास बाण देने के सिवा कोई उपाय नहीं था। वह अर्जुन को वचन दे चुका था। उसने आह भरी और अर्जुन को वे बाण दे दिए; पर साथ ही वह यह भी जानना चाहता था कि अर्जुन को ऐसा करने की सलाह किसने दी।

अर्जुन ने मुसकराकर कहा, ''उत्तर तो तुम पहले से जानते हो—कृष्ण।''

दुर्योधन असहाय भाव से अर्जुन को बाणों के साथ जाते हुए देखता रहा।

अगली सुबह जब भीष्म ने वे बाण वापस चाहे तो दुर्योधन ने लज्जित भाव से कहा, ''वे तो मुझे अर्जुन को देने पड़े। क्या आप वैसे ही बाण और तैयार कर सकते हैं?''

भीष्म ने उत्तर दिया, ''क्षमा करना दुर्योधन, ऐसा नहीं हो सकता। यदि वे मेरे पास होते तो मैं उन्हें पांडवों को कभी नहीं देता। तुमने तो अपने हाथों शत्रुओं को अपनी विजय सौंप दी।''

□

सूर्यास्त का भ्रम

जब वे वनवास में थे तो पांडवों को अकसर द्रौपदी को अकेले छोड़कर शिकार खेलने जाना पड़ता था। एक दिन वे जंगल में जाने लगे तो वे मुनि तृणबिंदु को द्रौपदी की रक्षा के लिए छोड़ गए। उन्हें ईंधन के लिए लकड़ी भी जमा करनी थी।

सिंधु-नरेश जयद्रथ पांडवों की कुटिया के पास से निकला। उसका विवाह कौरवों की बहन दु:शला से हुआ था। जब वह कुटिया के पास से निकला तो उसे द्रौपदी दिखाई दी। वह उसे देखते ही मोहित हो गया। वह नहीं जानता था कि वह कौन है। वह स्वयं आगे गया, ताकि अपने बारे में परिचय दे सके। फिर उसे पता चला कि वह युवती पांडवों की पत्नी है।

द्रौपदी को अपने एक संबंधी के आने से प्रसन्नता हुई और उसने उसे घर में आने का निमंत्रण दिया।

जयद्रथ ने कहा, "हे सुंदरी! तुम मेरे साथ चलो। तुम्हें इन निर्धन पांडवों के साथ नहीं रहना चाहिए। तुम मेरी रानी बनोगी तो तुम्हें कोई कमी नहीं रहेगी।"

द्रौपदी ने खुद को सँभालते हुए कहा, "आप ऐसा अभद्र बरताव न करें। आप हमारे संबंधी हैं। अपनी मर्यादा में रहें।"

जयद्रथ ने उसकी एक न सुनी और उसे खींचकर अपने रथ की ओर ले गया।

मुनि तृणबिंदु जब तक बाहर आते, वह द्रौपदी को रथ में बिठाकर ले गया

था। मुनि मदद के लिए चिल्लाने लगे और पांडव भी उसी समय लौट आए।

अर्जुन और भीम द्रौपदी की रक्षा के लिए भागे। उन्होंने जल्दी ही रथ को पकड़ लिया और जयद्रथ से लड़ाई की। फिर वे उसे बाँधकर अपनी कुटिया पर ले आए।

भीम उसे मार देना चाहता था, पर द्रौपदी ने कहा, ''दुःशला आपकी बहन लगती है। अपने गुस्से की वजह से उसे विधवा न बनाएँ। आप इसे लज्जित अवश्य करें, ताकि यह दोबारा किसी के साथ ऐसा न कर सके।''

भीम ने जयद्रथ का सिर मुँडवाकर उसके सिर पर पाँच चोटियाँ छोड़ दीं। यह एक दास होने का चिह्न था। इसके बाद जयद्रथ को छोड़ दिया गया।

इस घटना से जयद्रथ बौखला गया। वह पांडवों से बदला लेना चाहता था। उसने भगवान् शिव की तपस्या की और उनसे वरदान चाहा।

''मैं पांडवों को हराना चाहता हूँ।'' उसने कहा।

''यह संभव नहीं। कृष्ण उनके साथ हैं।'' प्रभु बोले।

जयद्रथ जानता था कि जल्द ही युद्ध होने वाला था। उसने कहा, ''मुझे युद्ध में कम-से-कम एक दिन ऐसा दें, जिस दिन मैं उन्हें पराजित कर सकूँ।''

भगवान् शिव ने कहा, ''ऐसा ही होगा; पर अर्जुन इस वरदान का अपवाद रहेगा।''

जयद्रथ के पिता वृद्धक्षत्र अपने पुत्र को राज्य देने के बाद तपस्या करने चले गए थे। उन्होंने अपनी दिव्य शक्ति से देख लिया था कि जयद्रथ अपने बुरे कर्मों के कारण मारा जाएगा, इसलिए उन्होंने अपने तप के बल पर एक शाप तैयार किया कि जो भी जयद्रथ के कटे शीश को धरती पर गिराएगा, वह भस्म हो जाएगा।

युद्ध के दौरान जयद्रथ कौरवों की ओर से लड़ रहा था। युद्ध का तेरहवाँ दिन था। अर्जुन के पुत्र अभिमन्यु ने कौरवों द्वारा रचे हुए चक्रव्यूह में प्रवेश करके उसे भेद दिया। परंतु उसे बाहर जाने का मार्ग नहीं पता था, क्योंकि जब अर्जुन उसकी माता सुभद्रा को यह विधि सिखा रहा था तो उस समय अभिमन्यु माता के गर्भ में था और सुभद्रा सुनते-सुनते सो गई थी। शिव से

मिले वरदान के कारण जयद्रथ चारों पांडवों को उस ओर जाने से रोकने में सफल रहा और उधर चक्रव्यूह में कौरवों ने अभिमन्यु को मार दिया।

अर्जुन उस समय युद्ध के मैदान में बहुत दूरी पर था और उसे यह समाचार देर से मिला। जब उसे सारी बात पता चली तो उसने संकल्प लिया, ''मैं कल सूर्यास्त से पूर्व जयद्रथ का वध कर दूँगा या अग्नि में जलकर प्राण दे दूँगा।'

कृष्ण यह संकल्प सुनकर चिंता में पड़ गए। वे जानते थे कि अर्जुन के बिना पांडवों की जीत संभव नहीं थी, इसलिए उन्होंने अर्जुन की प्राण-रक्षा के लिए एक योजना बना ली।

इस दौरान शत्रु खेमे में द्रोण जयद्रथ के प्राण बचाने की रणनीति बना रहे थे। कौरवों को पूरे एक दिन तक जयद्रथ को छिपाना था, ताकि अर्जुन उस तक जा न सके।

अगला दिन युद्ध का चौदहवाँ दिन था। सारा दिन द्रोण की रणनीति कारगर रही और जयद्रथ का कोई पता नहीं मिला।

सूर्यास्त होने वाला था और अभी जयद्रथ जीवित था। यदि वह न मारा जाता तो अर्जुन को अपने प्राण देने पड़ते। पांडवों को चिंता होने लगी। कृष्ण ने गुप्त रूप से अपने सुदर्शन चक्र को सूरज के आगे कर दिया, जिसे देखकर लगा कि सूर्य अस्त हो गया।

कौरव प्रसन्न हो गए कि सूर्यास्त हो गया और अर्जुन की प्रतिज्ञा पूरी नहीं हो सकी। उसी समय सैनिकों की पंक्तियाँ जयद्रथ के आगे से हट गईं।

जयद्रथ अर्जुन के सामने खड़ा उसे चिढ़ाने लगा।

उसी क्षण कृष्ण ने अपने चक्र को सूरज के आगे से हटा दिया और सूरज निकल आया। सूर्यास्त का भ्रम टूट गया था।

जयद्रथ दोनों सेनाओं के बीच बिना किसी सुरक्षा के खड़ा था।

कृष्ण ने अर्जुन से कहा, ''जयद्रथ को इस तरह मारो कि उसका कटा सिर सीधा उसके पिता की गोद में ही जाकर गिरे।''

अर्जुन ने ऐसा ही किया और जयद्रथ का सिर अपने पिता की गोद में

गिरा, जो ध्यानमग्न थे। वे अचकचाकर उठे और बेटे का सिर धरती पर जा गिरा। वे अपने ही श्राप के प्रभाव से भस्म हो गए।

इस तरह कृष्ण ने अर्जुन को बचा लिया। एक ही झटके में जयद्रथ और उसके पिता की मृत्यु से कौरवों के पक्ष को भारी हानि हुई।

□

द्रोण की दुर्बलता

द्रोण एक धुरंधर योद्धा थे और उन्हें युद्ध के मैदान में पराजित करना इतना आसान नहीं था। कृष्ण यही सोच रहे थे कि द्रोण को कैसे पराजित किया जाए। वैसे वे जानते थे कि द्रोण की एकमात्र दुर्बलता उनका अपना पुत्र अश्वत्थामा ही था।

एक दिन कृष्ण को पता चला कि उनकी सेना में अश्वत्थामा नामक हाथी था। अब वे जानते थे कि द्रोण को हराने के लिए उन्हें क्या करना होगा।

वे युधिष्ठिर के पास जाकर बोले, ''हमें आज युद्ध में अश्वत्थामा का उपयोग करना होगा।''

दिन में हाथी अचानक गिरा और मर गया।

भीम का स्वर बहुत तेज था, इसलिए कृष्ण ने उससे कहा कि वह ऐलान कर दे कि अश्वत्थामा मारा गया। भीम ने ऐसा ही किया और चिल्लाने लगा, ''सुनो, सुनो! अश्वत्थामा नहीं रहा।''

जब यह द्रोण ने सुना तो वे विचार करने लगे कि क्या वास्तव में उनका पुत्र मारा गया।

उन्होंने अपने पुत्र को हर जगह खोजा, पर वह कहीं नहीं दिखा। द्रोण को भीम की बात पर भरोसा नहीं था, इसलिए उन्होंने युधिष्ठिर से पूछा, ''मुझे बताओ, किसकी मृत्यु हुई है?''

कृष्ण ने पहले ही उन्हें बता रखा था कि क्या उत्तर देना है। युधिष्ठिर ने कहा, ''अश्वत्थामा हतः'', यानी अश्वत्थामा मारा गया। युधिष्ठिर ने आगे

कुछ कहा, किंतु भीम ने उसी समय जोर से शंख फूँक दिया, जिससे द्रोण को सारी बात सुनाई नहीं दे सकी।

वाक्य में आगे कहा गया था, ''नरो वा कुंजरो वा।'' (मुझे नहीं पता कि वह हाथी है या इनसान)

परंतु द्रोण को यही समझ आया कि उनका पुत्र नहीं रहा। वे उदास होकर वहीं बैठ गए और युद्ध से विमुख हो गए।

''मेरा पुत्र नहीं रहा। अब मैं किसलिए लड़ूँ? मेरा भी जीने का कोई प्रयोजन नहीं रहा।''

द्रोण की इसी कमजोरी का लाभ उठाकर द्रुपद के पुत्र ने द्रोण का गला काट दिया और अपने पिता का प्रतिशोध पूरा किया।

□

सूर्य पुत्र

कुंती को विवाह से पहले एक मुनि से वरदान मिला था कि वे जिस भी देवता से चाहेंगी, उससे संतान प्राप्त कर सकती हैं। अपने वरदान की परीक्षा के लिए कुंती ने सूर्यदेव को बुलावा भेजा और वे उनके पास आ गए। कुंती ने कर्ण को जन्म दिया।

वे अविवाहिता थीं। संसार की बातों के भय से उन्होंने चुपके से नवजात को त्याग दिया। वह शिशु अधिरथ और राधा नामक सारथि परिवार को मिला और वे उसे अपने पुत्र की तरह पालने लगे और कर्ण राधा का पुत्र यानी 'राधेय' कहलाया।

अर्जुन की तरह ही कर्ण भी प्रतिभाशाली था; परंतु वह राजवंश से नहीं था, इसलिए द्रोण ने उसे शिक्षा नहीं दी। उसने आचार्य परशुराम से ही युद्ध कला का प्रशिक्षण पाया।

जब पांडवों और कौरवों की शिक्षा पूरी हुई तो द्रोण ने उनके कौशल के प्रदर्शन के लिए एक प्रतियोगिता का आयोजन किया। युधिष्ठिर ने भाला फेंककर दिखाया, भीम और दुर्योधन ने गदा-चालन में निपुणता दिखाई। अर्जुन ने धनुष-बाण के करिश्मे दिखाए और नकुल व सहदेव अश्व-चालन में पारंगत थे।

सभी अर्जुन का प्रदर्शन देख दंग रह गए।

दुर्योधन को समझ आ गया कि उसका कोई भी भाई अर्जुन का मुकाबला नहीं कर सकता था।

तभी अचानक भीड़ में से एक युवक उठ खड़ा हुआ। उसने कहा, ''अर्जुन ने जो भी प्रदर्शन किया, वह सब मैं भी करके दिखा सकता हूँ।''

द्रोण को पूरा विश्वास था कि अर्जुन की बराबरी कोई नहीं कर सकता था। उन्होंने उस युवक को बेहिचक अखाड़े में बुला लिया।

वह युवक तो अर्जुन की बराबरी का निकला।

द्रोण ने पूछा, ''कौन से राज्य से आए हो? कहाँ के राजकुमार हो?''

उस युवक ने अपना सिर झुकाकर कहा, ''मैं सारथि अधिरथ का पुत्र हूँ।''

सभा के बीच ठहाके गूँज उठे। वह व्यक्ति तो एक आम इनसान था। वह किसी राज्य का राजकुमार नहीं था।

दुर्योधन उस व्यक्ति को अपना मित्र बनाना चाहता था। उसने कर्ण को अपने पास बिठाया और वहीं उसे अंग देश का राजा घोषित करते हुए 'अंगराज कर्ण' के रूप में संबोधित किया। यह उन दोनों के बीच अटूट मित्रता का आरंभ था।

कर्ण बहुत ही उदार था। वह प्रतिदिन गंगा नदी के किनारे सूर्य देव का पूजन करता था। वह गंगा को अपनी माता मानता था। उस नदी में ही सारथि को वह टोकरी मिली थी, जिसमें नवजात शिशु पड़ा हुआ था। पूजा के बाद कर्ण निर्धनों व याचकों को दान दिया करता था।

कर्ण के शरीर पर बचपन से ही दिव्य कुंडल और कवच थे। वे दोनों ही सूर्यदेव की दिव्य शक्ति से भरपूर थे, जो कर्ण को किसी भी वैरी के सामने विजयी बनाते थे।

जब युद्ध का समय आया तो कृष्ण को लगा कि अगर कर्ण के पास कवच और कुंडल रहे तो पांडव उसे हरा नहीं सकेंगे।

एक दिन उन्होंने इंद्र को बुलाकर कहा, ''अगर आप युद्ध में अपने पुत्र अर्जुन की विजय चाहते हों, तो जब कर्ण पूजा करके उठे तो उससे दान में उसके कवच और कुंडल माँग लेना।''

इंद्र एक बूढ़े ब्राह्मण का वेश बनाकर गए और उन्होंने ऐसा ही किया।

कर्ण को भी समझ आ गया कि कोई वेश बदलकर याचक बना हुआ है; पर उसने दान देने में देर नहीं की।

इंद्र को कर्ण की उदारता से बहुत प्रसन्नता हुई और उन्हें अपने किए पर लज्जा भी आई। वे अपने रूप में प्रकट हुए और बोले, ''कर्ण, मैं तुम्हारी उदारता से बहुत प्रसन्न हुआ। मैं तुम्हें यह अमोघ शक्ति देना चाहता हूँ। इसका वार कभी खाली नहीं जाता; पर तुम इसका प्रयोग केवल एक बार ही कर सकते हो।''

कर्ण ने सोचा, 'शायद यह बाण मुझे अर्जुन को हराने के काम आ सकता है।'

हालाँकि उसने बाद में उस बाण से भीम के पुत्र घटोत्कच को मारा, जिसने कुरुक्षेत्र के मैदान में त्राहि-त्राहि मचा दी थी। बाण लगते ही वह कौरवों की सेना पर पहाड़ की तरह गिर पड़ा।

कर्ण के कवच और कुंडल लेने के बाद भी कृष्ण को चिंता थी, क्योंकि कर्ण कौरवों के साथ था।

वे युद्ध से पहले कुंती के पास गए और कहा, ''कर्ण आपकी पहली संतान है। उसे जाकर मनाएँ कि वह अपने भाइयों का साथ दे। उसे पता है कि आप उसकी माता हैं। उसने मेरी बात तो नहीं मानी, शायद आपकी बात मान ले।''

कुंती बड़े ही संकोच से कर्ण के पास गईं। अपने पुत्र को देखते ही वे भावुक होकर रोने लगीं। उन्होंने समाज में अपनी प्रतिष्ठा की खातिर अपनी संतान को तज दिया था। आज उन्हें अपने उसी पुत्र के बल पर गर्व था।

कर्ण ने पूछा, ''आप कौन हैं? क्या चाहती हैं?''

जब कर्ण ने कुंती को पहचाना तो उसके लिए एक शब्द तक बोलना कठिन हो गया।

कुंती ने उसे बहुत समझाया कि वह अपने भाइयों का साथ दे, परंतु कर्ण ने मना कर दिया। वह इतनी आसानी से अपना मन बदलनेवालों में से नहीं था।

अंत में कुंती ने प्रार्थना की, ''कम-से-कम यह वचन दो कि तुम अपने

भाइयों का वध नहीं करोगे।''

''माता श्री! मैं आपको वचन नहीं दे सकता; परंतु इतना आश्वासन देता हूँ कि अर्जुन के सिवा अपने किसी भाई को नहीं मारूँगा। युद्ध के अंत में हम दोनों में से एक जीवित होगा और इस तरह आपके पाँच पुत्र बने रहेंगे।'' कर्ण ने कहा।

कृष्ण ने यह सत्य पांडवों को नहीं बताया, पर कर्ण अच्छी तरह जानता था कि वह किनके साथ लड़ रहा था। दुर्योधन के प्रति कर्ण की निष्ठा और पांडव भाइयों का वध न करने का वचन, ये दोनों ही युद्ध में उसकी प्रगति में बाधक बने।

जब कर्ण और अर्जुन के बीच युद्ध हो रहा था तो कर्ण के रथ का पहिया मिट्टी में धँस गया। जब वह उसे निकालने के लिए रथ से उतरा तो कृष्ण ने अर्जुन को सलाह दी कि वह उसे बाण चलाकर मार दे।

अर्जुन ने कहा, ''कृष्ण, यह तो अनुचित है। वह धरती पर है। मैं रथ पर सवार हूँ। वह अपना बचाव नहीं कर सकता। मुझे उस पर बाण नहीं चलाना चाहिए।''

कृष्ण ने कहा, ''यह धर्म का युद्ध है। कर्ण गलत पक्ष का साथ दे रहा है। युद्ध में सही या गलत नहीं होता। मेरी बात सुनो और उसे अभी मार डालो। समय नष्ट मत करो।''

अर्जुन को कृष्ण पर पूरा विश्वास था, इसलिए उसने हार मान ली और उसी समय कर्ण के प्राण ले लिये।

□

अंतिम व्यक्ति की पराजय

कुछ ही दिनों में अश्वत्थामा को छोड़कर दुर्योधन के सभी मित्र और संबंधी मारे गए। वह भारी हृदय से कुरुक्षेत्र के द्वैपायन नामक सरोवर में चला गया। उसे जलमंत्र आता था, जिसके बल पर वह मनचाहे समय तक जल की तलहटी में रह सकता था।

जब दुर्योधन नहीं दिखा तो पांडवों को विश्वास हो गया कि वे जीत गए हैं।

कृष्ण ने उन्हें चेताया, ''जब तक तुम दुर्योधन को हरा नहीं देते, तब तक युद्ध को समाप्त मत मानो।''

पांडव दुर्योधन की खोज में चल दिए। आगे चलकर उन्हें सरोवर के पास किसी के पदचिह्न दिखे, परंतु वे पानी से वापस नहीं आ रहे थे।

एक शिकारी ने बताया कि उसने एक व्यक्ति को सरोवर की ओर जाते देखा था, जो दिखने में किसी राजा जैसा था।

कृष्ण को पूरा विश्वास था कि वह व्यक्ति दुर्योधन ही था।

''शायद वह आत्महत्या करने गया हो। उसका कोई साथी नहीं रहा।'' युधिष्ठिर ने कहा।

भीम चिंतित था। उसने तो दुर्योधन की जंघा तोड़ने की प्रतिज्ञा की थी। ऐसी दशा में उसका संकल्प अधूरा रह जाता।

''उसे छिपने के स्थान से निकालने का यही उपाय हो सकता है कि उसे शब्दों से उत्तेजित किया जाए।'' कृष्ण बोले।

“हम सब जानते हैं कि यह काम उसके शत्रु भीम से बेहतर कोई नहीं कर सकता।”

यह सुनकर भीम चिल्लाया, “हे दुर्योधन! मुझे पता है कि तू जल के भीतर छिपा बैठा है।”

“तू क्या कोई कायर है? क्या तू क्षत्रिय नहीं?”

“लगता है कि तू मरने से भयभीत है!”

तब भी कोई उत्तर नहीं आया।

“किसी योद्धा की तरह मैदान में वीरगति को प्राप्त कर। अब तुझे अस्त्रों की बजाय झील में खिले पुष्प अधिक भा रहे हैं?”

भीम कुछ देर तक इसी तरह बोलता रहा।

“मूर्ख दुर्योधन! संसार तुझे एक कायर के रूप में जानेगा।”

अचानक ही झील से दुर्योधन सामने आ गया। उसका चेहरा लाल हो गया था। वह अपने अहं और गुस्से को वश में नहीं रख सका।

“भीम, शांत हो जाओ! आओ, हम आपस में मल्ल युद्ध करें। हममें से जो जीतेगा, वही इस युद्ध का विजेता माना जाएगा।” दुर्योधन ने कहा।

भीम ने हामी भर दी। दो महारथियों के बीच महासंग्राम होने जा रहा था।

दुर्योधन माता गांधारी का आशीर्वाद लेने गया। वे जानती थीं कि वह निर्णायक युद्ध था और अब उन्हें क्या करना था। उन्होंने आजीवन अपने नेत्रों पर पट्‌टी बाँधे रखी थी। उन्होंने तय किया कि वे अपनी पट्‌टी खोल देंगी, ताकि उनकी संचित ऊर्जा से पुत्र को ताकत मिल सके। माता ने कहलवाया, “नदी में स्नान करो और मेरे पास उसी रूप में आओ, जैसे तुम जन्म के समय थे।”

दुर्योधन स्नान करके माता से मिलने चल दिया।

अचानक कृष्ण सामने आ गए और मुसकराकर बोले, “इस तरह नग्न होकर कहाँ जा रहे हो? माना कि माता तुमसे बहुत स्नेह रखती हैं; पर तुम अब बालक नहीं रहे। उनके सामने इस तरह पूरी तरह से नग्न होकर जाना अनुचित नहीं होगा?”

दुर्योधन लज्जित-सा हो गया और बोला, ''अब मुझे क्या करना चाहिए?''

कृष्ण बोले, ''यहाँ से केले के पत्ते लो और अपने आपको कमर से घुटनों तक ढाँप लो।''

दुर्योधन ने अपने आसपास केले के पत्ते लगा लिये और चल पड़ा।

जब वह माता के पास पहुँचा तो गांधारी ने पट्‌टी उतारकर अपने पुत्र को पहली बार देखा। हालाँकि उन्होंने पुत्र की आवाज तो सुनी थी, पर वे उसे पहली बार देख रही थीं। ज्यों ही उन्होंने दुर्योधन को देखा, उसके पूरे शरीर में ऊर्जा की लहर दौड़ गई, मानो उसमें नए प्राण आ गए हों। गांधारी ने अपने पुत्र के शरीर के निचले हिस्से को देखा तो उनके चेहरे पर उदासी छा गई, ''पुत्र, मैंने तुम्हें किस तरह आने को कहा था? मैंने अपने नेत्र खोले, ताकि अपनी संचित ऊर्जा से तुम्हारे पूरे शरीर को वज्र के समान कर सकूँ। तुम अपने शरीर को केले के पत्तों से ढाँपकर क्यों आए? आह, शरीर का यह हिस्सा पहले की तरह दुर्बल रहेगा!''

यह कहकर गांधारी ने फिर से पट्‌टी बाँध ली।

दुर्योधन ने उनसे पट्‌टी खोलने का आग्रह किया, पर वे नहीं मानीं।

''पुत्र, मेरी संचित ऊर्जा समाप्त हो गई। संभवतः यही तुम्हारा भाग्य था। तुम्हें ऐसा करने को किसने कहा था? एक माता को अपना पुत्र सदा शिशु जैसा ही दिखता है, भले ही उसकी आयु कितनी भी क्यों न हो।''

दुर्योधन ने कृष्ण पर अपनी खीझ उतारी, ''यह सब उस ग्वाले कृष्ण का किया-धरा है।''

गांधारी ने कृष्ण को शाप देते हुए कहा, ''कृष्ण, तूने हमारा परिवार उजाड़ा। हमने अपनी ही संतानों को मरते हुए देखा। तू भी अपने वंश और संतानों की मृत्यु का कष्ट भोगेगा।''

कृष्ण ने शाप सुनकर कहा, ''यादव इतने बलशाली हैं कि कोई उनका कुछ नहीं बिगाड़ सकता। हालाँकि यह सच है कि एक दिन सबको नष्ट होना है। यदि वे कभी आपस में लड़े, तभी यह शाप फल सकता है। यदि

ऐसा ही उनके भाग्य में लिखा है तो यही सही।''

कई दशक बाद वह शाप अपना रंग लाया। यादवों के बीच आपस में ही लड़ाई हुई और उनके वंश का नाश हो गया।

आज भी, जब भी कोई गृह युद्ध होता है तो उसे 'यादवी युद्ध' कहा जाता है।

कुछ ही समय बाद दुर्योधन और भीम का मल्ल युद्ध आरंभ हुआ।

दुर्योधन परेशान था। वह जानता था कि सच को स्वीकारने का क्षण आ गया था। उसका कोई साथी जीवित नहीं था और वह किसी ऐसे व्यक्ति की तरह लड़ रहा था, जिसके पास गँवाने के लिए भी कुछ नहीं था। भीम को प्रसन्नता थी कि उसे अपने शत्रु से दो-दो हाथ करने का अवसर मिल रहा था।

दुर्योधन बहादुरी से लड़ा और माता के आशीर्वाद के क़ारण भीम के वार उसकी कोई हानि नहीं कर सके।

भीम चिंता में पड़ गया। ऐसे तो वह पराजित हो सकता था। तभी उसने कृष्ण की ओर देखा। प्रभु मुसकराए और अपनी जंघा थपथपाई। भीम ने हामी भरी। उसने दुर्योधन की जंघा को अपने निशाने पर ले लिया।

वह वार इतना घातक था कि दुर्योधन तत्काल गिर गया। भीम किसी बलशाली चीते की तरह उस पर प्रहार करता चला गया।

भीम ने अपनी गदा से उसकी जंघा पर प्रहार करते हुए चिल्ला-चिल्लाकर कहा, ''यह वार हमें लाक्षागृह में जलाने का प्रयत्न करने के लिए…यह वार द्रौपदी के अपमान के लिए…यह वार द्यूत में बेईमानी और हमें वनवास भेजने के लिए…।'' कृष्ण के कहने से भीम ने अपना हाथ रोका।

कृष्ण बोले, ''भीम, बस करो उसकी जंघाएँ टूट गई हैं और युद्ध समाप्त हो गया है। दुर्योधन पराजित हो गया है।''

भीम अनिश्चित स्थिति में खड़ा था। उसे समझ नहीं आ रहा था कि वह क्या करे।

कृष्ण उसे अपने साथ ले गए, ''चलो, अपने शिविर में चलें।''

राजकुमार दुर्योधन तथा कौरवों के अंतिम उत्तराधिकारी को मरने के लिए वहीं छोड़ दिया गया।

इस कहानी में जिस सरोवर का नाम लिया गया है, वह हरियाणा में ब्रह्म सरोवर के नाम से जाना जाता है।

□

बर्बरीक

कुरुक्षेत्र के युद्ध से बहुत पहले की बात है। दुर्योधन ने पांडवों के लाक्षागृह महल में आग लगवाकर उन्हें जान से मारने का प्रयत्न किया था; परंतु वे सब बच निकले और वन में छिपकर अपनी प्राण रक्षा की। वहीं पांडवों की भेंट हिडिंब नामक राक्षस से हुई और उसकी बहन हिडिंबा, भीम को चाहने लगी। उन दोनों ने विवाह कर लिया और उनके यहाँ 'घटोत्कच' नामक पुत्र ने जन्म लिया।

जब पांडवों के राजधानी वापस जाने का समय आया तो हिडंबा ने भीम से वादा किया कि जब भी उसे आवश्यकता होगी, उसका पुत्र उसकी सेवा में हाजिर हो जाएगा।

घटोत्कच एक दयालु और बलशाली युवक की तरह बड़ा हुआ। वह एक मायावी था। उसका विवाह यादव वंश की राजकुमारी मौर्वी से हुआ और उनके यहाँ बर्बरीक नामक पुत्र ने जन्म लिया। बर्बरीक ने अपनी माता एवं महान् गुरु से धनुर्विद्या सीखी और एक कुशल योद्धा बना। वह भगवान् शिव का परम भक्त था और उसे उनकी ओर से तीन बाणों का उपहार मिला था, जो आजीवन उसके साथ रहने वाले थे। जब गुरु को उन बाणों के बारे में पता चला तो वे परेशान हो गए। उन्होंने बर्बरीक से जानना चाहा कि वह युद्ध में किस पक्ष का साथ देगा? बर्बरीक इस बारे में पूरी तरह से निश्‍िंचत था। उसने तय कर रखा था कि वह दुर्बल पक्ष के साथ लड़ेगा। गुरु ने प्रसन्न होकर अपने शिष्य को आशीर्वाद दिया।

जब युद्ध की घोषणा हुई तो बर्बरीक अपने माता–पिता व दादा–दादी से भेंट करने गया। हिडिंबा ने घटोत्कच और बर्बरीक से कहा, ''तुम पांडवों के परिवार से हो, इसलिए तुम दोनों को युद्ध में भाग लेना चाहिए। मैंने अपने पति से वायदा किया था कि जब भी आवश्यकता होगी, बच्चे उनके साथ होंगे। वचन तो वचन होता है—उसका हर हाल में पालन होना चाहिए।''

बर्बरीक सबका आशीर्वाद लेकर पांडवों के खेमे में जा पहुँचा। भीम व बाकी सदस्य उसे देखकर प्रसन्न हुए और उसका स्वागत किया। सबने उसके कौशल के बारे में सुन रखा था।

कृष्ण को बर्बरीक का आना इतना पसंद नहीं आया। उन्होंने बहुत अधिक उत्साह भी नहीं दिखाया।

एक दिन बर्बरीक पेड़ के नीचे ध्यान कर रहा था। कृष्ण उसके पास गए और उससे पूछा कि वह पांडवों का साथ क्यों देना चाहता है? उसने उत्तर दिया, ''वे मेरे अपने हैं और उनके पास केवल सात अक्षौहिणी सेना है; जबकि कौरवों के पास ग्यारह अक्षौहिणी सेना है। मैंने दुर्बल पक्ष का साथ देने का निर्णय लिया है।''

फिर कृष्ण ने उससे उसके बाणों के बारे में पूछा।

बर्बरीक ने बताया, ''मेरे बाण साधारण नहीं हैं। पहला शत्रुओं को पहचानकर वापस आ जाएगा। दूसरा उन्हें मारेगा, जिन्हें पहला बाण चिह्नित करेगा और तीसरा बाण अतिरिक्त है।''

कृष्ण को याद था कि अन्य योद्धाओं के अनुसार यह युद्ध कितने दिन तक चल सकता था। भीम का कहना था कि वह बीस दिनों में युद्ध समाप्त कर देगा। द्रोण ने छब्बीस और कर्ण ने सत्ताईस दिन का अनुमान दिया था। वहीं अर्जुन ने अट्ठाईस दिन कहा था।

अब उन्होंने यही प्रश्न बर्बरीक से किया, ''प्रिय पुत्र, यह युद्ध कितने दिनों में समाप्त हो जाना चाहिए?''

उसने उत्तर दिया, ''तीन दिन से अधिक नहीं लगेंगे।''

कृष्ण ने एक पेड़ की ओर संकेत किया और बोले, ''तुम तो भीष्म से

भी बड़े महारथी हो। क्या तुम्हें वह वृक्ष दिखाई दे रहा है?''

बर्बरीक ने हामी भरी।

कृष्ण बोले, ''यह मान लो कि हर पत्ता एक सैनिक है और तुम्हारा शत्रु है। अपने बाणों का कौशल दिखाओ।''

बर्बरीक ने एक बाण निकालकर नेत्र बंद किए। कृष्ण ने झट से एक पत्ता अपने पैर के नीचे छिपा लिया।

बर्बरीक ने पहला बाण चलाया। उस पर एक लाल निशान था। बाण जिस पत्ते को छूता गया, उन पर लाल निशान लगता गया। इसके बाद बर्बरीक ने दूसरा बाण चलाया। एक-एक कर, लाल बिंदुवाले पत्ते गिरने लगे। अंत में उसने कृष्ण के पैर को भी भेद दिया और उससे रक्त बहने लगा।

बर्बरीक ने उनसे क्षमा-याचना की, ''क्षमा करें, मेरे बाण की चोट से आपके पैर से रक्त बहने लगा।''

कृष्ण ने उसे सांत्वना दी, ''इसमें तुम्हारा दोष नहीं। मैंने ही तुम्हारे बाणों की परीक्षा लेने के लिए एक पत्ता अपने पैर के नीचे छिपा लिया था।''

''यह घाव आपके पैर को कष्ट देता रहेगा। कृपया इसका ध्यान रखें।'' बर्बरीक ने आग्रह किया।

कृष्ण कुछ और ही सोच रहे थे। वह बोले, ''बर्बरीक, तुमने पांडवों को इसलिए चुना, क्योंकि तुम्हें लगता है कि उनका पक्ष दुर्बल है। परंतु यदि कौरवों की सेना के अधिक लोग मारे गए तो इस तरह उनका पक्ष दुर्बल हो जाएगा। तब तुम किसका पक्ष लोगे?''

''तब मुझे कौरवों का पक्ष लेना होगा।''

''तब तुम पांडवों का नाश करोगे और उनकी सेना का पक्ष दुर्बल हो जाएगा। तब क्या होगा?''

''फिर मुझे पांडवों की रक्षा के लिए इस ओर आना होगा।''

''अगर मैं सारे पांडवों को छिपा दूँ तो क्या होगा? क्या तुम्हारे बाण उन्हें खोज सकेंगे?''

बर्बरीक बोला, ''मुझे पूरा विश्वास है, मेरे बाण उन्हें खोज लेंगे।''

"क्या तुम अपने पितामह और उनके परिवार का वध करोगे?"

बर्बरीक ने कोई उत्तर नहीं दिया। वह अवाक् रह गया।

"तुमने अपने गुरु को जो मूखर्तापूर्ण वचन दे दिया। इसके साथ तुम अपने शक्तिशाली बाणों को लिये, एक से दूसरे पक्ष में चक्कर कांटते रह जाओगे। अंत में सभी मरेंगे और केवल तुम जीवित रहोगे। बर्बरीक, एक संकल्प लेना अच्छी बात होती है; पर तुम्हें दीर्घकालीन परिणामों के बारे में भी सोच लेना चाहिए। सोचकर देखो, भीष्म ने ब्रह्मचर्य का संकल्प लिया, पर आज उसके कारण ही युद्ध हो रहा है। तुम्हें अपने संकल्प के कारण अपने परिवारवालों का वध करना होगा।"

बर्बरीक ने कहा, "मैंने तो ऐसे कभी सोचा ही नहीं। पर अब मैं कुछ नहीं बदल सकता। वचन दिया जा चुका है। पर मैंने अपनी दादी को भी वचन दिया है कि मैं लड़ाई का हिस्सा बनूँगा। अब मैं क्या करूँ?"

कृष्ण बोले, "मैं मार्गदर्शन दे सकता हूँ पर मुझे गुरुदक्षिणा देनी होगी।"

"मैं आपको अपना जीवन देने को भी प्रस्तुत हूँ, श्रीकृष्ण। आप क्या चाहते हैं?"

"मुझे तुम्हारा शीश चाहिए।"

बर्बरीक ने कहा, "ठीक है, आप मेरी गुरुदक्षिणा स्वीकार करें; परंतु एक अंतिम इच्छा अवश्य पूरी करें।"

"जो भी कहोगे, अवश्य पूरा होगा।"

"मैं योद्धा हूँ। भले ही लड़ाई नहीं कर सकता, पर युद्ध को देखना चाहता हूँ। मैं इसका साक्षी कैसे बन सकता हूँ?"

कृष्ण बोले, "बर्बरीक! भले ही तुम्हारे प्राण निकल जाएँगे, पर मैं वादा करता हूँ कि तुम्हारा शीश अंत तक युद्ध के सारे दृश्य देख और सुन सकेगा। यह मेरा तुमसे वादा है।"

इसके बाद पांडव वहाँ आ गए। वे जान गए थे कि यह भी रणनीतिज्ञ कृष्ण की रणनीति की किसी योजना का एक अंग था; परंतु वे अपने अश्रु नहीं रोक सके। बर्बरीक उनका पोत्र था और उन्हें उसके बल व साहस पर

गर्व था। युवक ने सबको प्रणाम किया और अपनी बलि चढ़ा दी। तब कृष्ण ने भीम से कहा, ''अपने पोत्र का कटा शीश ले जाकर पहाड़ी पर टाँग दो, ताकि यह सब देख-सुन सके। यह आज से 'महात्मा बर्बरीक' कहलाएगा, क्योंकि यह इस युद्ध में अपने प्राण देनेवाला पहला व्यक्ति है।''

भीम ने ऐसा ही किया और बर्बरीक युद्ध की सारी काररवाई वहीं से देखता रहा।

युद्ध के बाद जब पांडव पक्ष के सभी लोग आपस में बात कर रहे थे कि उनके कारण विजयश्री में योगदान कैसे मिला, तो भीम ने कहा, ''मैंने अपने गदा कौशल से अनेक कौरवों के प्राण लिये।''

''मेरे गांडीव ने द्रोण, कर्ण व पितामह भीष्म को मारा।''

तभी महात्मा व्यास ने कहा, ''सारे दृश्यों का साक्षी बर्बरीक था। उससे पूछो कि सबसे बड़ा योगदान किसका रहा?''

फिर कृष्ण ने बर्बरीक का कटा शीश जोड़ दिया और उसके प्राण लौट आए।

बर्बरीक ने अपने परिवार के पास वापस जाने से मना कर दिया और कहा, ''मैंने मानवता का विकृत रूप देख लिया है। मैं ऐसा जीवन नहीं जीना चाहता। मुझे यह बाण या शक्ति नहीं चाहिए। मैं एक ऋषि की तरह जीवन व्यतीत करना चाहता हूँ।'' फिर उसने कृष्ण के प्रति आभार प्रकट किया।

कृष्ण मुसकराए, ''आनेवाले समय में लोग तुम्हारे बलिदान को याद करेंगे। मेरे प्रति तुम्हारे निस्स्वार्थ स्नेह के कारण ही मेरे साथ तुम्हारा नाम जुड़ेगा और तुम 'श्याम' कहलाओगे।''

हालाँकि कृष्ण ने युद्ध में कभी शस्त्र नहीं उठाए, परंतु वे नारायणी सेना की तुलना में बेहतर चुनाव थे।

वर्तमान में बर्बरीक को राजस्थान में 'खाटू श्याम' के रूप में पूजा जाता है।

□

उडुपि का राजा

(एक लोक कथा)

जब कुरुक्षेत्र का युद्ध लड़ा गया तो दूसरे राज्यों के राजाओं को भी अपना-अपना पक्ष चुनकर परस्पर लड़ना पड़ा।

उदाहरण के लिए, नकुल और सहदेव के मामा, मद्रराज शल्य को कौरवों ने छल से अपने साथ मिला लिया। श्रीकृष्ण के साले महाराज विंद एवं अनुविंद भी कौरवों के पक्ष से लड़ रहे थे। कौरवों में से युयुत्सु ने अपना पक्ष बदला और पांडवों के साथ लड़ने आ गया। कृष्ण के भाई बलराम ने किसी का पक्ष नहीं लिया। वे तीर्थयात्रा पर चले गए।

उडुपि के राजा किसी का पक्ष नहीं ले पा रहे थे। उन्होंने निर्णय लेने से इनकार किया और बोले, ''मैं रसोईघर का दायित्व लेते हुए दोनों पक्षों के सिपाहियों के लिए भोजन की व्यवस्था करूँगा।''

युद्ध आरंभ हो गया।

हर रोज बहुत सारे सिपाही मारे जा रहे थे। दिन के अंत में सभी योद्धा रसोई में आकर एक साथ भोजन करते।

वहाँ रोज एक अजीब बात होती थी, जिसके बारे में किसी ने ध्यान नहीं दिया। रोज सबके खाना खाने के बाद कभी खाना नहीं बचता था। इसका मतलब था कि उडुपि के राजा को पहले से पता होता था कि उस दिन कितने सैनिक भोजन नहीं कर सकेंगे। एक दिन पांडवों ने उनसे पूछ ही लिया, ''कृपया बताएँ, आपको यह अनुमान कैसे होता है कि कितने सैनिक

युद्धभूमि में मारे जाएँगे?''

वे मुसकराए, ''मेरी तकनीक बहुत सादी है। मैं हर रोज कृष्ण के पास मूँगफलियों से भरा थैला ले जाता हूँ और उन्हें ध्यान से देखता हूँ। फिर मैं उनके द्वारा खाए गए दानों को एक हजार से गुणा कर देता हूँ और उतने सैनिकों की संख्या घटा देता हूँ, जो अगले दिन युद्ध में मरने वाले हैं। उनके लिए भोजन ही नहीं पकता।''

पांडव यह सुनकर दंग रह गए।

जब युद्ध समाप्त हुआ तो कृष्ण ने उस राजा को आशीर्वाद देते हुए कहा, ''तुमने बिना भेदभाव के सभी लोगों को भोजन दिया। तुम्हारी भावी पीढ़ियाँ भी स्वादिष्ट भोजन पकाने और बहुत कौशल से परोसने के लिए जानी जाएँगी।''

लोग कहते हैं कि यही वजह है कि हमें पूरे भारत में इतने उडुपि रेस्त्राँ दिखाई देते हैं।

□

निष्ठा की कीमत

विकर्ण धृतराष्ट्र एवं गांधारी का पुत्र था। वह भी सौ कौरवों में से था। कौरवों का नाम आते ही तीन नाम विशेष रूप से लिये जाते हैं—दुर्योधन, दुःशासन और विकर्ण। पहले दो कौरव अपने दुष्ट स्वभाव के लिए जाने जाते थे, किंतु विकर्ण अपने भाइयों से अलग था।

जब जुए के खेल के दौरान बेईमानी हो रही थी तो विकर्ण ने ही खेल बंद करने को कहा और भरी सभा में द्रौपदी के अपमान के विरुद्ध आवाज उठाई थी। उस समय भीष्म, द्रोण व धृतराष्ट्र जैसे वरिष्ठ सदस्य तक मौन साधे बैठे थे।

दुर्योधन अपने भाई से क्षुब्ध हो गया; पर विकर्ण अपनी बात पर डटा रहा। "द्रौपदी का अपमान करके तुमने पूरे वंश के लिए विनाश को न्योता दिया है।" उसने चेतावनी दी।

उसे अपनी निष्ठा के कारण कौरवों की ओर से युद्ध करना पड़ा। भीम ने दूसरे कौरवों के प्राण लिये, पर विकर्ण को छुआ तक नहीं।

जब वे आमने-सामने आए तो विकर्ण ने कहा, "भीम, हम दोनों जानते हैं कि यह युद्ध कौरव नहीं जीत सकते। तुम्हारे पास कृष्ण हैं। जुए के खेल में आवाज उठाना मेरा कर्तव्य था; परंतु अब अपने भाई की ओर से लड़ना मेरा कर्तव्य है, इसलिए मैं यह कर्तव्य निभाऊँगा।"

इस तरह दोनों के बीच लड़ाई हुई और भीम के हाथों विकर्ण मारा गया। भीम फूट-फूटकर रोने लगा, "विकर्ण, तुम सही और गलत जानते थे, पर

इसके बावजूद तुम भाग्य के हाथों विवश थे। तुमने धर्म पर निष्ठा को चुना। यह युद्ध मेरे और तुम्हारे जैसे लोगों के लिए अभिशाप है।''

विकर्ण की कहानी रामायण के कुंभकर्ण से मिलती है। वे दोनों ही सही रास्ता जानते थे। फिर भी उन्हें अपने-अपने भाइयों के लिए लड़ते हुए प्राण देने पड़े।

□

सोने का नेवला

जब पांडवों ने युद्ध जीता तो युधिष्ठिर को सम्राट् बनाया गया। उन्होंने अनेक यज्ञ रचाए। उनके द्वार से कोई याचक खाली हाथ नहीं जाता था। चारों ओर उनकी उदारता के चर्चे होने लगे।

एक दिन नन्हा सा नेवला युधिष्ठिर के यज्ञ-स्थल पर आया और अनुष्ठान से बची भस्म में लोटने लगा। उसका आधा शरीर सुनहरा था।

जब नेवले ने अपना काम पूरा कर लिया और सभी चुप हो गए तो वह मनुष्यों के स्वर में बोला, ''हे राजा युधिष्ठिर! मैंने आपके यज्ञ और दानवीरता की बहुत प्रशंसा सुनी है। पर मैं निराश ही हुआ। मुझे अपेक्षा नहीं थी कि आप इतने साधारण तरीके से यज्ञ करते होंगे।''

यह सुनकर युधिष्ठिर के हृदय को ठेस लगी और उन्होंने नेवले से कहा कि वे तो यज्ञ के सारे नियम पूरे करते हैं। तब नेवले ने उनसे कहा कि वह उन्हें एक महान् यज्ञ की कथा सुनाएगा।

सभी श्रोता नेवले की कहानी सुनने के लिए शांत हो गए।

एक छोटे से ग्राम में एक बूढ़ा आदमी अपने बेटे और बहू के साथ रहता था। वे बहुत निर्धन थे और दो वक्त का भोजन भी कठिनाई से जुटा पाते थे। एक बार उस धरती पर अकाल पड़ा और वे भूखों मरने लगे।

एक दिन बूढ़े को कहीं से थोड़ा चावल मिला। उसकी पत्नी ने उसे पकाकर, उसके चार हिस्से कर दिए। जब वे उसे खाने लगे तो किसी ने दरवाजा खटखटाया। बाहर एक आदमी खड़ा था। वह मारे थकान के वहीं

गिर गया। बूढ़ा उसे भीतर लाया और उससे पूछा कि क्या वह भूखा है?

"जी, मैंने कई दिनों से कुछ नहीं खाया है।" उस आदमी ने उत्तर दिया।

"तुम सही समय पर आए हो। हम भोजन करने ही जा रहे थे। तुम मेरे हिस्से के चावल खा लो।"

वह मेहमान झट से चावल खा गया पर वह अब भी भूखा था। ऐसे में बूढ़े की पत्नी आगे आई और अपना भोजन उसके आगे रख दिया। उसे लगा कि घर में आए मेहमान को भोजन करवाना उसका कर्तव्य बनता है।

वह मेहमान दूसरा कटोरा चावल खाने के बाद भी उतना ही भूखा था, जितना घर में आते समय था। बूढ़े के बेटे ने अपना भोजन मेहमान को देते हुए कहा, "मेरे माता-पिता भूखे रह सकते हैं तो मैं भी रह सकता हूँ।" मेहमान ने उसका खाना भी खा लिया। बहू बोली, "अपने मेहमान को भोजन करवाने का अर्थ है कि हम देवों के लिए यज्ञ रचा रहे हैं। मैं भी अपना हिस्सा यज्ञ के लिए अर्पित करना चाहूँगी।"

और ज्यों ही उसने भी अपना भोजन मेहमान के आगे रखा, मेहमान ने पूरे परिवार को आशीर्वाद देते हुए कहा, "तुम लोगों ने निस्स्वार्थ भाव से मेरी सेवा की है। मैंने इससे पहले ऐसा यज्ञ नहीं देखा। भगवान् सबका भला करें।"

मानो भगवान् ही सबकी परीक्षा ले रहे थे। वे सबको अपने साथ स्वर्ग ले गए।

जब मैं वहाँ से निकल रहा था तो मैंने स्वर्ग की ओर प्रस्थान करते हुए देखा। मैंने आसपास देखा तो भोजन का एक अंश पड़ा दिखाई दिया। अचानक़ मैं फिसलकर उस पर गिर पड़ा। जब मैं उठा तो पाया कि मेरे शरीर का जो हिस्सा भोजन को छू गया था, वह सोने का हो गया था।...

नेवले ने अपना आधा सुनहरा शरीर सबको दिखाकर कहा, "मैं अपना सारा शरीर सोने का करना चाहता था, पर भोजन नहीं था। कहीं भी यज्ञ नहीं होता दिखा। फिर राजा युधिष्ठिर के बारे में सुना। मुझे पूरी आस थी कि मेरी इच्छा पूरी होगी(पर महाराज, आपका यज्ञ भी मेरी देह को सुनहरा नहीं कर सका। आपका यज्ञ उस निर्धन के यज्ञ की तरह निर्दोष नहीं है।"

सुनहरा नेवला उसी समय ओझल हो गया।

युधिष्ठिर को उस दिन एक सबक मिल गया था। भले ही यज्ञ का वैभव मायने रखता हो, पर जब तक उसमें आत्मा की शुद्धता व समर्पण का भाव नहीं होगा, तब तक वह किसी काम नहीं आ सकता।

□

खोया हुआ पुत्र

कुरुक्षेत्र का युद्ध आरंभ नहीं हुआ था और पांडव उन दिनों इंद्रप्रस्थ में रहते थे। एक बार एक व्यक्ति ने आकर अर्जुन से कहा, ''कुछ जंगली पशु मेरे पशुओं को सता रहे हैं। कृपया मेरी सहायता करें।'' अर्जुन हमेशा दूसरों की सहायता करने को तैयार रहता था। परंतु उस दिन उसका धनुष एवं बाण युधिष्ठिर के कक्ष में थे और वे द्रौपदी के साथ कक्ष में आराम कर रहे थे। अर्जुन उन्हें परेशान नहीं करना चाहता था। उनके बीच यह अलिखित नियम था कि जो भी कोई विश्राम कर रहे जोड़े को परेशान करेगा, उसे एक वर्ष के लिए वनवास जाना होगा।

अर्जुन सोचने लगा, 'मेरी प्राथमिकता क्या है, इस व्यक्ति की मदद करना या दंड के भय से मदद न करना।' इस विचार के बाद वह युधिष्ठिर के कक्ष में गया और अपना धनुष-बाण लेकर उस व्यक्ति के साथ चला गया। उसने जंगली पशुओं को भगाकर उसके पशुओं की रक्षा की।

जब वह वापस आया तो उसने जाकर सबको यह बात बताई और यह भी कहा कि वह नियम का पालन अवश्य करेगा। अर्जुन माता के पैर छूकर आशीर्वाद लेने गया तो उन्होंने तीन बार 'कल्याणं अस्तु' कहकर उसे आशीर्वाद दिया, यानी उसके साथ सबकुछ शुभ हो।

अर्जुन वेश बदलकर पड़ोसी राज्यों में घूमता रहा। उसका सारा जीवन एक जाने-माने व्यक्ति के रूप में बीता था, इसलिए अब एक साधारण और व्यक्ति के रूप में जीने का अलग ही आनंद आ रहा था। इसी तरह वह एक

बार मणिपुर राज्य में पहुँचा। वह नगर के बाहर एक छोटे से मंदिर में ठहरा, जहाँ से वह राज्य की गतिविधियों को देख सकता था। उसने देखा कि महल में अधिकतर प्रभावशाली पदों पर स्त्रियाँ आसीन थीं।

मणिपुर के महाराजा चित्रभान की एक सुंदर बेटी थी, जिसका नाम चित्रांगदा था। वह एक योद्धा थी। जब राजकुमारी की भेंट अर्जुन से हुई तो वह उससे प्रेम करने लगी।

उसके पिता ने अर्जुन से कहा कि वह उसकी पुत्री से विवाह कर ले, पर अर्जुन ने कहा, "मुझे इंद्रप्रस्थ वापस जाना होगा। मणिपुर मुझे प्रिय है, पर मैं यहाँ सदा नहीं रह सकता।" महाराज फिर भी यही चाहते थे कि अर्जुन उनकी बेटी से विवाह करे। उन्होंने कहा कि भले ही उनका विवाह हो जाएगा, पर अर्जुन की पत्नी और बच्चे मणिपुर में ही रहेंगे। वही उनका राज्य होगा। अर्जुन ने उनकी बात मान ली।

इस तरह अर्जुन और चित्रांगदा का विवाह हो गया। उसके माध्यम से ही अर्जुन की भेंट नागकन्या उलूपी से हुई। वह अर्जुन से प्रेम करने लगी। उसने भी अर्जुन से विवाह कर लिया, पर वह अपना राज्य नहीं छोड़ सकती थी। वह जल के नीचे रहती थी।

जल्दी ही अर्जुन के जाने का समय हो गया। वह द्वारिका आया और सुभद्रा से विवाह किया। एक वर्ष बाद वह सुभद्रा को लेकर लौटा।

कहते हैं कि कुंती ने उसे तीन बार इसलिए आशीर्वाद दिया था, क्योंकि उसने तीन विवाह किए थे।

जब कुरुक्षेत्र का युद्ध आरंभ हुआ तो चारों ओर कोहराम मच गया। पांडवों ने धर्म की स्थापना की। कर्ण का पुत्र वृषकेतु अपने पिता की मृत्यु के बाद बहुत अकेला हो गया था। जब पांडवों को कर्ण के बारे में पता लगा तो वे स्तब्ध रह गए। उन्होंने अपने ही हाथों अपने भाई का वध कर दिया था। उन्होंने वृषकेतु को अपनाया और उसे असीम स्नेह देने लगे।

कुछ समय बाद युधिष्ठिर ने अश्वमेध यज्ञ रचाया और अर्जुन को उसका अश्व सँभालने का दायित्व दिया गया।

वह अश्व कई स्थानों पर जाने के बाद नीलध्वज राजा की नगरी महिष्मती जाकर रुका वे भगवान् कृष्ण के परम भक्त थे। उनकी पत्नी का नाम ज्वाला तथा पुत्री का नाम स्वाहा था, जिसका विवाह अग्नि से हुआ था। वे वहीं रहकर अपने ससुर के राज्य की रक्षा का भार सँभालते थे।

नीलध्वज के पुत्र प्रवीर ने यज्ञ के अश्व को बाँध लिया, जिसका अर्थ था कि वे महाराज युधिष्ठिर के अधीन नहीं होना चाहते थे। महाराज ने अपने पुत्र को समझाया कि उसे अश्व को छोड़ देना चाहिए और युधिष्ठिर को ही अपना राजा मान लेना चाहिए, क्योंकि पांडव कृष्ण के आत्मीय हैं। परंतु ज वाला को यह बात नहीं भाई। वह अपने पति को भड़काने लगी। फिर ज्वाला ने अपने दामाद अग्नि को बुलाकर कहा कि वह उनकी मदद करे। जब अग्नि ने हामी भरी तो ज्वाला ने कहा कि वह अर्जुन और उनकी सेना को जला दे, ताकि वे लोग उस युद्ध में जीत सकें।

अग्नि ने कहा, ''माता, यह आप क्या कह रही हैं? आप जानती हैं कि कृष्ण अर्जुन के साथ रहते हैं। आपकी यह माँग अनुचित है।''

जब ज्वाला अपने हठ पर अड़ी रही तो हारकर अग्नि को अर्जुन के शिविरों को जलाना पड़ा। अर्जुन के पास ऐसा अस्त्र (वरुणास्त्र) था, जिसे छोड़ने के बाद अग्नि को शांत किया जा सकता था; पर उसने खांडवप्रस्थ दाह में अग्नि की भूख को देखा था, इसलिए उसने अग्नि से प्रार्थना की कि वह शांत हो जाए। अर्जुन ने अग्नि को याद दिलाया कि द्रौपदी का जन्म अग्नि से हुआ था। इस तरह वह भी अग्नि का दामाद हुआ।

अग्नि ने अपना रोष शांत कर दिया।

इसके बाद अर्जुन और नीलध्वज की सेना के बीच युद्ध हुआ। प्रवीर मारा गया और राजा बुरी तरह से घायल हो गए। फिर उन्होंने आत्मसमर्पण कर दिया।

जब ज्वाला को अपने पुत्र की मृत्यु और राज्य के जाने का पता चला तो वह गंगा नदी पर पहुँची और गंगा के पुत्र भीष्म को संबोधित कर बोली, ''हे गंगा! क्या तुम्हें अपने मृत पुत्र भीष्म की परवाह नहीं? अर्जुन ने उन्हें

छल से मारा, शर–शय्या पर लिटाया और फिर आज हमारे राज्य का क्या हाल बना दिया।''

ज्वाला के शब्दों से गंगा को भी याद आ गया कि अर्जुन ने भीष्म को कैसे मारा था। उसने अर्जुन को शाप दिया, ''तू भी अपने बेटे के हाथों मारा जाएगा।''

ज्वाला ने एक बाण का रूप लिया और मणिपुर के राजकुमार बभ्रुवाहन के तूणीर में जा बैठी, जहाँ अब अर्जुन को अपने अश्व को ले जाना था।

राजा बभ्रुवाहन ने अश्व को बाँध लिया और उसके साथ आए योद्धाओं को युद्ध के लिए चुनौती दी।

अर्जुन ने हामी भर दी।

बभ्रुवाहन अर्जुन एवं चित्रांगदा का पुत्र था, पर वे परस्पर नहीं जानते थे। उसका जन्म अर्जुन के मणिपुर से जाने के बाद हुआ था। चित्रांगदा और उलूपी ने अर्जुन के पुत्र को उसके समान शिक्षा प्रदान की थी।

जब चित्रांगदा को मणिपुर में अर्जुन के आने का समाचार मिला तो उसने अपने बेटे को उसके बारे में बताया। बभ्रुवाहन यह सुनकर प्रसन्न हो उठा।

वह उपहार लेकर पिता का स्वागत करने गया और पुत्र के रूप में अपना परिचय दिया। परंतु अर्जुन को लगा कि पहले तो उसने अश्व को बाँध लिया और अब युद्ध से घबराकर कायरता दिखा रहा था। उसने कहा, ''मेरा एक ही पुत्र था, अभिमन्यु। वह युद्ध में वीरगति को प्राप्त हुआ। तुम तो कोई कायर हो, जो अब युद्ध से डरकर मेरा पुत्र होने का दिखावा कर रहे हो।''

''नहीं पिताजी, मेरा विश्वास करें। मेरी माता चित्रांगदा ने आज ही आपके बारे में बताया। हम पहली बार मिल रहे हैं और यह उपहार मेरी ओर से प्रेम और सम्मान का सूचक है। अगर आप चाहें तो हम लड़ सकते हैं। मैं यदि आपका सच्चा पुत्र हूँ तो आपको पराजित कर दूँगा।''

तब तक चित्रांगदा भी वहीं आ गई; पर अर्जुन ने उसे पहचानने से इनकार कर दिया।

बभ्रुवाहन अपनी माता का अनादर नहीं सह सका। वह बोला, ''आप

कैसे पति हैं, जो अपनी पत्नी को नहीं पहचानते। अगर लड़ना ही चाहते हैं तो मैदान में आ जाएँ।''

चित्रांगदा भयभीत थी कि पिता और पुत्र के बीच आपस में लड़ाई होगी। उसके बेटे ने कहा कि उसे युद्ध में उसका साथ देना चाहिए।

चित्रांगदा बोली, ''तुम्हारी माता बनने से पूर्व मैं अर्जुन की पत्नी बनी थी, इसलिए मेरी निष्ठा उनके साथ है।''

इस तरह चित्रांगदा अर्जुन से पूछे बिना उसकी सारथि बन गई।

बभ्रुवाहन एक अच्छा बेटा और राजा था, पर नियति उसके साथ खेल रही थी। उसे अपने ही माता-पिता से युद्ध करना पड़ा।

नागकन्या उलूपी उसकी मदद के लिए आगे आई और कहा, ''तुम मेरे शिष्य नहीं, प्रिय भी हो। जो पति अपनी पत्नी को पहचानता तक नहीं, उसका साथ देने से बेहतर था कि चित्रांगदा पुत्र का साथ देती। मैं तुम्हारे साथ हूँ।'' वह उसकी सारथि बनी और पिता व पुत्र के बीच युद्ध होने लगा।

अर्जुन को जल्दी ही युवक के कौशल का परिचय मिल गया। बभ्रुवाहन ने अपने उसी बाण का प्रयोग किया, जो ज्वाला के रूप में था। उससे अर्जुन की वहीं मृत्यु हो गई।

चित्रांगदा रोने लगी और अपने पुत्र को बहुत कोसा कि उसके कारण ही वह एवं उलूपी विधवा हो गए हैं।

उलूपी शांत थी। वह अर्जुन को अपने साथ नागलोक में ले गई और उसके शरीर से सारा विष निकाल दिया।

जब अर्जुन को होश आया तो उसे पिछले जीवन की सारी बातें याद आ गईं और उसने बभ्रुवाहन को अपने पुत्र के रूप में स्वीकार कर लिया। इस तरह गंगा नदी का शाप भी फलित हो गया।

□

भाग्यशाली युवक

केरल के राजा का पुत्र चंद्रहास एक पैर में छह उंगुलियों के साथ जनमा था। उसके जन्म के बाद पिता युद्ध में चल बसे और सदमे की वजह से माता का भी देहांत हो गया।

नन्हा शिशु भरोसेमंद दासी के पास रह गया। वह जानती थी कि वह जगह राजकुमार के लिए सुरक्षित नहीं थी। वह उसे अपने साथ कुंतल प्रदेश ले गई और कुछ वर्ष तक वहीं उसका पालन-पोषण किया। जब वह नहीं रही तो बालक अनाथ हो गया। उसका दुनिया में अपना कोई नहीं रहा। उसके आसपास के लोग दयालु थे, जो अकसर उसे खाना-पीना आदि दे दिया करते थे।

एक दिन चंद्रहास नदी किनारे खेल रहा था, तभी उसे काले संगमरमर जैसा पत्थर दिखा। उसने झट से उठाकर उसे अपने मुख में सुरक्षित रख लिया। कुछ ही दिन बाद उसने देखा कि वह उस पत्थर को मुख में रखकर जो भी बोलता था, वह सच हो जाता। युवक जान गया कि वह कोई चमत्कारी पत्थर है। उसने उसे एक पंडित को दिखाया।

पंडित ने कहा, ''यह तो विष्णु शालिग्राम है।''

उसने कहा, ''इसे अपने मुख में मत रखो। इसका प्रतिदिन पूजन करो। तुम्हें भगवान् का आशीर्वाद मिलेगा।''

कुंतल में दुष्ट बुद्धि नामक मंत्री का राज था। एक दिन उसने कुछ विद्वानों को अपने घर भोजन के लिए बुलाया। चंद्रहास उसके घर के बाहर ही कुछ लड़कों के साथ खेल रहा था। मेहमानों में से एक व्यक्ति को ऐसा

लगा कि चंद्रहास में निश्चित रूप से कोई खास बात थी। उसने पास जाकर चंद्रहास के हाथ व पैर देखे और कहा, ''यह बालक भाग्यशाली है। यह एक दिन इस भूमि का राजा होगा।''

दुष्ट बुद्धि यह सुनकर चौकन्ना हो गया। इस तरह तो उसकी भावी योजनाओं पर पानी फिर सकता था। उसकी दो संतानें थीं। पुत्र का नाम मदन और पुत्री का नाम विषय था। वह चाहता था कि उसके पुत्र का विवाह चंपाकमलिनी से हो जाए और वह राजा का उत्तराधिकारी बने। उसे एक अनाथ बच्चे के बारे में ऐसी भविष्यवाणी सुनना अच्छा नहीं लगा, जो वह अपने बच्चे के बारे में चाहता था।

मंत्री ने एक दुष्ट योजना बनाई। उसने नौकरों से कहा कि वे चंद्रहास को जान से मार दें।

नौकर बालक को फुसलाकर वन में ले गए। जब चंद्रहास को उनकी मंशा पता चली तो उसने कहा, ''मैं अंतिम बार अपने शालिग्राम की पूजा करना चाहता हूँ।''

सेवक मान गए।

जब वह प्रार्थना कर रहा था तो नौकरों ने शेर के गरजने की आवाज सुनी। वे मुड़े तो शेर वहीं खड़ा दिखा। वे मारे भय के बेसुध हो गए। चंद्रहास पास के तालाब से पानी लाया और उन पर छिड़का। वे होश में आ गए। नौकरों को लगा कि शायद शेर चंद्रहास को बचाने ही आया था। उन्होंने उसे जाने दिया। उन्होंने उसके पैर की छठी उँगुली काट ली, ताकि मंत्री को उसके मरने का प्रमाण दे सकें। मंत्री ने उसे देखकर उन्हें पुरस्कार दे दिया।

इस दौरान चंद्रहास वन में घूमता रहा। पैरों में तेज दर्द था। उसने भगवान् विष्णु को मदद के लिए पुकारा।

तभी वनों के कबीले का मुखिया और कुंतल देश का अधीनस्थ राजा कुलिंद उसके पास आया। जब उसने बच्चे को वहाँ पड़ा देखा तो उसे अपने साथ ले गया। उनके कोई संतान नहीं थी, इसलिए चंद्रहास मुखिया के बच्चे की तरह बड़ा होने लगा। कुलिंद का राज्य बहुत ही संपन्न होने लगा और वे मानते थे कि यह भाग्यशाली चंद्रहास के कारण ही था।

दुष्ट बुद्धि ने भी चंद्रहास के बारे में सुना। जब वह उससे मिलने गया तो वह पहचान गया कि वह मुखिया का अपना बेटा नहीं हो सकता था। उसने कुलिंद से पूछा तो उसे सारी बात पता लग गई और वह जान गया कि उसके नौकरों ने उससे झूठ कहा था। उसने निश्चय कर लिया कि वह उन्हें सबक सिखाकर रहेगा। वह चाहता था कि किसी तरह पहले चंद्रहास को समाप्त कर दिया जाए।

अभी वह कुलिंद के घर ही था। उसने अपने बेटे मदन के नाम पत्र लिखा कि पत्रवाहक को विष दे दिया जाए। फिर उसने वह पत्र चंद्रहास को देकर कहा, ''यह एक जरूरी संदेश है। इसे मेरे बेटे को दे आओ।''

चंद्रहास वह पत्र देने चल दिया। उसे नहीं पता था कि उसमें क्या लिखा था।

चंद्रहास नगर पहुँचा तो बहुत थक गया था। वह नगर के बाहर बने एक उपवन में ही सो गया। उसे पता नहीं था कि वह राजा की बगिया थी। दुष्टबुद्धि की बेटी भी अपनी सखियों के साथ वहीं आई हुई थी। वह चंद्रहास को देखकर उससे प्रेम करने लगी। उसने उसके पास रखे पत्र को देखा तो अपने पिता की लिखावट पहचान ली। वह पत्र उसके भाई के नाम था। उसने देखा और उसे खोलकर पढ़ लिया।

'प्रिय मदन,

यह एक विचित्र आग्रह है; परंतु तुम्हें पता है कि तुम्हारे पिता कुछ भी अकारण नहीं करते। जितनी जल्दी हो सके, इस पत्र के वाहक को विष दे देना। मेरे आने की प्रतीक्षा मत करना। इस बात को किसी से मत करना।

तुम्हारा पिता, दुष्टबुद्धि'

'विष' का अर्थ संस्कृत में जहर होता है। उसे इतना तो विश्वास था कि पत्र में कुछ कमी थी। उसके पिता किसी युवक को जहर क्यों देना चाहते होंगे। दरअसल, वे विष की जगह उसका नाम विषय लिखना चाहते होंगे, जो जल्दबाजी में छूट गया है। वे चाहते हैं कि उनकी बेटी का विवाह उस युवक से तुरंत कर दिया जाए। उसने आम के पत्ते की नोक को अपने काजल में डुबोकर, 'विष' शब्द को 'विषय' में बदल दिया। फिर वह पत्र को उस

व्यक्ति के पास रखकर घर चली गई।

मदन को वह पत्र मिला तो उसने पिता के आने की प्रतीक्षा किए बिना ही चंद्रहास और अपनी बहन का विवाह करवा दिया।

कुछ दिन बाद मंत्री ने आकर देखा कि चंद्रहास तो उसका दामाद बन गया था और उसकी बेटी अपने पति से बहुत प्यार करती थी।

दरबार में राजा और बाकी लोगों ने उसकी बेटी के विवाह की बधाई दी और वह बड़ी मुश्किल से अपने गुस्से को काबू रख सका।

वह अब भी चंद्रहास को मारना चाहता था। उसने उससे कहा, ''हमारे घर के रिवाज के अनुसार घर का नया दामाद नगर के बाहर स्थित महामाया मंदिर में पूजा करने जाता है। तुम पूजा की थाली सजाकर पूजन करने जाओ।''

चंद्रहास प्रसन्नतापूर्वक मंदिर की ओर चल दिया।

मदन उस समय महल में महाराज के साथ कुछ चर्चा कर रहा था। महाराज चाहते थे कि चर्चा में चंद्रहास को भी शामिल किया जाए। उन्होंने मदन को भेजा कि वह चंद्रहास को बुला लाए।

मदन घर गया तो चंद्रहास ने बताया कि वह किसी जरूरी काम से जा रहा था।

मदन ने उससे कहा, ''पर पहले तुम्हें महल जाना चाहिए।''

''पर पिताजी ने महामाया मंदिर जाने को कहा है। पहले मुझे वहीं जाना होगा।''

''मैं देख लूँगा कि मंदिर का काम कैसे करना है। राजा की बात टालनी नहीं चाहिए। तुम मुझे थाली दो और महल जाओ।''

चंद्रहास महल में राजा से मिलने चला गया। राजा को अब चंद्रहास ही अपने लिए उचित उत्तराधिकारी लगने लगा था। राजा ने कहा, ''मैं चाहता हूँ कि तुम मेरी पुत्री चंपकमालिनी से विवाह कर लो और इस राज्य की बागडोर सँभालो। तुम एक अच्छे शासक बनोगे।''

राजा चाहता था कि चंद्रहास जल्दी-से-जल्दी उसकी पुत्री से विवाह कर ले। उसी समय एक सादे समारोह में राजकुमारी से चंद्रहास का विवाह हो गया और उधर जब मदन पूजा की थाली लिये मंदिर गया तो दुष्टबुद्धि

के लोगों ने उसे ही चंद्रहास समझकर मार डाला।

जब दुष्टबुद्धि को कुछ घंटों बाद ये दोनों समाचार मिले और सारी बात पता चली तो वह जान गया कि यह उसका अपना ही किया-धरा था। उसके कारण ही उसका बेटा मारा गया। वह इतना मायूस हुआ कि उसने महामाया मंदिर जाकर अपने भी प्राण ले लिये।

जब चंद्रहास को मदन और दुष्टबुद्धि की मौत की खबर मिली तो वह भी मंदिर की ओर भागा और देवी से प्रार्थना की कि वह उन दोनों को जीवित कर दे। जब उसने देखा कि प्रार्थना स्वीकार नहीं हो रही तो उसने भी अपने प्राण दे दिए। देवी को उसकी निष्ठा व भक्ति बहुत अच्छी लगी और उसने सबको जीवित कर दिया।

पहली बार दुष्टबुद्धि अपने किए पर लज्जित हुआ। उसने दो बार चंद्रहास को मारना चाहा और उस युवक ने अपने प्राण देकर सबको जीवित करवा दिया।

चंद्रहास कुंतल देश का राजा बना और उसने अपने पिता कुलिंद का राज भी सँभाला। उसके दो पुत्र हुए। वे दोनों बहुत ही बलशाली और प्रजा की रक्षा करनेवालों में से थे।

एक दिन वे दो युवा कुमार नगर में घूम रहे थे, तभी उन्हें युधिष्ठिर के अश्वमेध यज्ञ का अश्व दिखा। वे अपने पिता को बताने के लिए भागे। चंद्रहास ने अर्जुन व कृष्ण को अपने यहाँ आमंत्रित किया और वे कुछ दिनों तक उसके अतिथि रहे। उसने कृष्ण और पांडवों की सेवा करते हुए उनके लिए अपनी निष्ठा का पूरा प्रदर्शन किया।

कहते हैं कि कुंतल वर्तमान कोटपुर और बानावासी के बीच पड़ता है, जो कर्नाटक राज्य में है। कुकुन्नरु का लक्ष्मी मंदिर ही महामाया मंदिर है।

आज भी नेपाल की गंडकी नदी के किनारे शालिग्राम पाए जाते हैं। उन पर प्राकृतिक रूप से चिह्न अंकित होते हैं और उन्हें उनके अंकन के आधार पर सुदर्शन शालिग्राम, विष्णु शालिग्राम तथा नरसिंह शालिग्राम आदि नामों से जाना जाता है।

□

चंडी और उद्दालक

कर्ण का पुत्र वृषकेतु युधिष्ठिर के अश्वमेध यज्ञ के अश्व के साथ चल रहा था। उसने स्वयं को विंध्य घाटी में स्थित मुनि सौरभ के आश्रम में पाया। मुनि ने सारे दल का स्वागत किया और वे सब आश्रम के विशाल प्रांगण में बैठ गए, जहाँ एक भारी-भरकम काला पत्थर दिख रहा था।

अचानक अश्व उस पत्थर के पास जाकर अपनी पीठ रगड़ने लगा।

यह देखकर सभी दंग रह गए कि वह चट्टान एक स्त्री में बदल गई।

मुनि ने सबके चेहरे पर आश्चर्य के भाव देखे तो उन्हें चंडी की कथा सुनाने लगे।

एक समय की बात है, उद्दालक नामक ऋषि हुआ करते थे। उनकी पत्नी का नाम चंडी था, क्योंकि उसे बहुत जल्दी गुस्सा आ जाता था। मुनि जो भी कहते, वह सदा उसका विपरीत करती। वे अपने घर में किसी को बुला नहीं पाते थे, क्योंकि चंडी अकसर उनसे बहस करने लगती। समय बीता और वे अपने घर की इस कलह से तंग आ गए।

एक दिन उनकी भेंट कौंडिन्य नामक ऋषि से हुई। उन्होंने कहा, "उद्दालक, तुम्हें इन परिस्थितियों को सँभालना सीखना होगा। यह तो स्पष्ट है कि पत्नी के लिए तुम्हारी सहनशीलता समाप्त हो गई है। कुछ नया क्यों नहीं आजमाते। जब भी कुछ करना हो तो पत्नी को उसका विपरीत करने को कहो। तुम उसका स्वभाव जानते हो, वह तुम्हारी कही बात का विपरीत करेगी। इस तरह तुम्हारा मनचाहा पूरा हो जाएगा। तुम्हारा पत्नी के साथ जीना आसान हो जाएगा।"

उद्दालक को यह सलाह पसंद आई और वे घर पहुँचे। जब वे घर गए तो उन्हें बहुत भूख लगी थी। उन्होंने पत्नी से कहा, ''मेरे लिए कुछ मत पकाना। आज मेरा उपवास है।''

चंडी ने एक ही घंटे में स्वादिष्ट भोजन बनाकर सामने रख दिया और बोली, ''प्रिय पति, भोजन करिए। आपको अपनी सेहत का ध्यान रखना चाहिए।''

उद्दालक यह देखकर मन-ही-मन प्रसन्न हुए और सोचने लगे कि उन्हें यह उपाय पहले क्यों नहीं सूझा।

अगली सुबह उन्होंने पत्नी से कहा कि घर को गंदा ही रहने दो। साफ करने की आवश्यकता नहीं है।

जब वे घर आए तो देखा कि सारा घर दमक रहा था। इस तरह उद्दालक का कुछ समय बहुत ही आनंद से बीता।

एक दिन अचानक उन्हें याद आया कि उनके पिता का श्राद्ध आ रहा था। उन्होंने चंडी से कहा, ''श्राद्ध वाले दिन भोजन पकाने या निर्धनों को कुछ खिलाने की जरूरत नहीं है। घर को साफ भी मत करना।''

चंडी ने हामी भर दी।

कुछ दिन बाद श्राद्ध वाले दिन सबकुछ तैयार था—घर चमक रहा था, स्वादिष्ट भोजन तैयार था और घर में मेहमानों को बुलाया गया था।

उद्दालक ने बहुत ही प्रसन्न भाव से अनुष्ठान पूरा किया।

अनुष्ठान के अंत में मृतक पिता के नाम से चावल का कटोरा नदी में अर्पित करना था। उद्दालक पल भर के लिए नए निर्देश भूल गए और चंडी से कहा, ''जाकर यह कटोरा नदी में बहा दो।''

चंडी ने कटोरा उठाकर कूड़ेदान में डाल दिया। यह उद्दालक के पिता का अपमान था।

उद्दालक के गुस्से की सीमा न रही। मानो वे अपना आपा खो बैठे हों, ''चंडी! तुम्हारे साथ कोई भी इनसान जीवित नहीं रह सकता। हर चीज को सहने की सीमा होती है। मैं तुम्हें एक भारी पत्थर बनने का शाप देता हूँ,

क्योंकि तुम्हारा दिल भी बड़े पत्थर जैसा ही है।''

चंडी ने बहुत क्षमा माँगी और बार-बार याचना करने लगी।

उद्दालक को क्रोध शांत करने में समय लगा और फिर वे अपनी पत्नी से बोले, ''चंडी, तुम भारी पत्थर बनोगी, पर एक दिन अश्वमेध यज्ञ का अश्व तुम्हें छुएगा और श्रीकृष्ण के आशीर्वाद से तुम असली रूप में आ जाओगी।''

इस तरह चंडी एक विशाल पत्थर बनी और उद्दालक तप करने वन में चले गए।

यह कहानी समाप्त हुई और चंडी वहीं खड़ी अपने जीवन के बारे में सोचती रही। अब वह बदल गई थी। उसने ऋषि को प्रणाम कर कहा, ''मुझे अपनी भूल का एहसास हो गया। अब मेरे लिए समय आ गया है कि मैं अपने पति की तलाश करूँ और एक बेहतर जीवन जीऊँ।''

□

अंतिम यात्रा

महाभारत के महाप्रस्थान पर्व में पांडवों व द्रौपदी की अंतिम यात्रा का वर्णन आता है।

महाभारत युद्ध के बाद पांडवों ने लंबे समय तक शांतिपूर्वक शासन किया। एक दिन मुनि व्यास इंद्रप्रस्थ आए और उन्होंने कहा कि अब उन्हें अपना राजपाट त्यागकर वन को जाना चाहिए, क्योंकि ऐसा करने का समय आ गया है।

पांडवों ने हामी भरी और युधिष्ठिर ने अपने पौत्र परीक्षित् को सिंहासन पर बिठा दिया। उन्होंने कौरवों के एक भाई युयुत्सु को राज्य का संरक्षक नियुक्त किया।

इसके बाद उन्होंने हिमालय व स्वर्ग की ओर यात्रा आरंभ की।

जब वे राज्य से बाहर जा रहे थे तो एक कुत्ता भी उनके साथ यात्रा में चल दिया। पांडव दक्षिण की ओर से होते हुए सागर तक जा पहुँचे।

वहाँ उनकी भेंट अग्नि से हुई और उसने अर्जुन से आग्रह किया कि वह उसका गांडीव धनुष वापस कर दे। अग्नि ने उससे कहा कि वह धनुष अन्याय का सामना करने के लिए दिया गया था। वह उद्देश्य पूरा हुआ, इसलिए अब धनुष भी लौटाना होगा।

अर्जुन और पांडव दक्षिण-पश्चिम की ओर बढ़े, जहाँ उन्होंने समुद्र के पानी में डूबी द्वारिका नगरी देखी। फिर वे ऋषिकेश गए। वहाँ से आगे की यात्रा में द्रौपदी ने अपने प्राण त्याग दिए।

भीम ने युधिष्ठिर से पूछा, ''द्रौपदी का निधन क्यों हुआ? वह स्वर्ग तक की यात्रा पूरी क्यों नहीं कर सकी?''

''हो सकता है कि उसने सारे पतियों के साथ एकसा व्यवहार न किया हो। वह मन-ही-मन कोई पक्षपात करती रही हो।'' युधिष्ठिर जानते थे कि स्वर्ग की ओर जानेवाली यह यात्रा इतनी आसान नहीं थी।

पांडव आगे चल दिए।

जल्दी ही सहदेव भी गिरा और प्राण त्याग दिए। युधिष्ठिर बोले, ''सहदेव को इस बात का घमंड था कि विवेक-बुद्धि में उसका कोई सानी नहीं है।''

जब नकुल का प्राणांत हुआ तो उन्होंने कहा, ''नकुल को लगता था कि संसार में उससे सुंदर कोई नहीं हो सकता।''

इस तरह केवल तीन भाई और कुत्ता ही जीवित रहे।

अर्जुन भी यात्रा पूरी किए बिना मृत्यु को प्राप्त हो गया।

''अर्जुन को अपने सबसे शक्तिशाली योद्धा होने का घमंड था और उस घमंड ने ही उसके प्राण लिये।'' युधिष्ठिर बोले।

कुछ देर बाद जब भीम भी मृतप्राय हो गया तो उसने इसका कारण पूछा। उसके भाई ने कहा, ''तुम सदा दूसरों की परवाह किए बिना अपना भोजन करते थे।''

युधिष्ठिर कुत्ते के साथ आगे चले तो इंद्र उन्हें लेने आ गए। इंद्र बोले, ''मेरे रथ में बैठो। मैं तुम्हें स्वर्ग लेकर चलूँगा। तुम्हें पैदल चलने की आवश्यकता नहीं है।''

''मैं अपने भाइयों और पत्नी के बिना नहीं जा सकता।'' युधिष्ठिर बोले।

''वे पहले से स्वर्ग में तुम्हारी प्रतीक्षा कर रहे हैं।'' इंद्र बोले।

फिर युधिष्ठिर ने पूछा कि क्या वे अपने साथी कुत्ते को भी साथ ले जा सकते थे, जो यात्रा में उनके साथ वहाँ तक आ गया था।

''कुत्ता रथ में नहीं आ सकता। केवल तुम्हें प्रवेश मिलेगा।''

युधिष्ठिर ने कुत्ते के बिना स्वर्ग जाने से इनकार कर दिया। उनका कहना

था कि वे अपने मित्र के साथ विश्वासघात नहीं कर सकते। यह पाप होगा।

"कुत्ते को त्यागो और अपने बारे में सोचो।" इंद्र ने पुनः कहा।

युधिष्ठिर ने मना कर दिया और कहा कि वह जीवन की सबसे कठिन यात्रा में उनका सहयात्री था। उनका परिवार एक-एक कर समाप्त हो गया, पर वह कुत्ता अंत तक उनके साथ बना रहा। अब वे उसे वहाँ नहीं छोड़ सकते थे।

एक ही क्षण में वह कुत्ता धर्म के रूप में प्रकट हो गया। वे न्याय और धर्म के देवता थे। धर्म ने युधिष्ठिर के गुणों की प्रशंसा की और सबसे बड़े पांडव ने स्वर्ग में प्रवेश किया।

□

सर्प का प्रतिशोध

बहुत समय पहले की बात है, तब सुभद्रा गर्भवती थी। एक विषय पर उसकी और अर्जुन की बातचीत हुई, जिसके परिणाम बहुत दूर तक देखे गए।

अर्जुन ने कहा, ''सुभद्रा, ऐसे बहुत से व्यूह या तकनीकें होती हैं, जिनसे हम शत्रु को अपने घेरे में घुसने से रोक सकते हैं। ये व्यूह अलग-अलग नामों और अपनी कठिनाइयों के स्तरों के अनुसार जाने जाते हैं।'' वह सुभद्रा को युद्ध के व्यूहों की रचना बता रहा था।

''मैं आपका तात्पर्य नहीं समझी।'' सुभद्रा बोली।

''गरुडव्यूह के दौरान सभी सैनिक पंक्तियाँ बाँधकर ऐसे खड़े हो जाते हैं, मानो दूर से कोई गरुड खड़ा दिखाई दे रहा हो। एक और व्यूह में राजा को चक्र समान घेरे में सुरक्षित किया जाता है और सैनिक व रथी उसके आसपास घेरा डाल देते हैं। वह चक्र इतना जटिल होता है कि शत्रु इसमें प्रवेश नहीं कर सकता। अगर कोई पहले चक्र को पार कर भी ले तो आगे नहीं जा पाता, क्योंकि वह किसी भूल-भुलैया जैसा होता है। वह एक से दूसरे चक्र में भटकते हुए अपनी दिशा भूल जाता है। बहुत कम लोग ही चक्र व्यूह भेद कर अपने लक्ष्य तक पहुँच सकते हैं। इस व्यूह के लिए बहुत चिंतन और अभ्यास की आवश्यकता होती है।''

''इस संसार में कितने लोग ऐसे हैं, जो आज तक इसे भेद सके हैं?''

''मेरे गुरु द्रोण, अश्वत्थामा, पितामह भीष्म और मुझे ही इसमें जाने एवं

बाहर आने का मार्ग पता है। क्या तुम सीखना चाहती हो?'' अर्जुन ने पूछा।

सुभद्रा के हामी भरने पर अर्जुन ने एक मुट्ठी अनाज लिया और उससे ही चक्र व्यूह की संरचना बनाकर समझाने लगा। सुभद्रा निकट ही लेटी हुई थी। अर्जुन ने उसे बताया कि किस प्रकार योद्धा को अनावश्यक चक्रों से अपना बचाव करते हुए लक्ष्य की ओर जाना चाहिए। जब थोड़ी देर बाद उसने पत्नी को देखा तो वह गहरी नींद में सो चुकी थी। उसने सारा अनाज समेट लिया और यह बात वहीं समाप्त हो गई।

कुछ माह बाद सुभद्रा ने अभिमन्यु नामक पुत्र को जन्म दिया। जब वह बड़ा हुआ तो उसका विवाह राजकुमारी उत्तरा से किया गया। महाभारत युद्ध के दौरान राजकुमारी उत्तरा गर्भवती हो गई। जब अर्जुन युद्धक्षेत्र से बहुत दूर त्रिगर्तों से लड़ रहा था तो द्रोण ने चक्र व्यूह की रचना कर डाली।

अभिमन्यु को पता चला तो उसने पांडवों से कहा, ''मैं जानता हूँ कि इस व्यूह में प्रवेश कैसे करना है। जब मैं माता के गर्भ में था तो पिताश्री ने उन्हें यह सिखाया था; परंतु दुर्भाग्यवश जब वे बाहर आने का उपाय बताने लगे तो माँ सो गईं। मैं बाहर आने का मार्ग नहीं जानता। परंतु मैं आपकी सहायता करना चाहता हूँ। आशा करता हूँ कि हमें बाहर आने का मार्ग मिल ही जाएगा।''

अर्जुन कहीं नहीं दिख रहा था, इसलिए पांडवों ने अभिमन्यु को बागडोर थमा दी। केवल अभिमन्यु ही भीतर जा सका। दुर्योधन ने दूसरे पांडवों का मार्ग रोक लिया। कुछ ही क्षणों में अभिमन्यु कौरवों के महारथियों के बीच घिरा खड़ा था। उन्होंने निर्दयता से उसके प्राण ले लिये।

अठारहवें दिन के अंत तक द्रौपदी की केवल पाँच संतानें जीवित थीं। उस रात जब वे सो रहे थे तो अश्वत्थामा वहाँ आया। उसने उन पाँचों को पाँच पांडव मानकर वहीं समाप्त कर दिया। वह पांडवों से अपने पिता की हत्या का प्रतिशोध लेना चाहता था। इस तरह पांडवों की कोई संतान जीवित नहीं रही। केवल उत्तरा की अजन्मी संतान ही उत्तराधिकारी थी। जब उसने शिशु को जन्म दिया तो वह लगभग निष्प्राण था।

पांडव घबरा गए। क्या उनके वंश का वहीं अंत होने वाला था?

उन्होंने भगवान् कृष्ण से प्रार्थना की, जिन्होंने शिशु में नवजीवन का संचार किया। नवजात का नाम 'परीक्षित्' रखा गया, मानो वह भाग्य की निरंतरता को चुनौती दे रहा था।

परीक्षित् को बहुत ही सावधानी से पाला गया। वह एक अच्छा शासक बना और प्रजा भी उससे बहुत प्रेम करती थी।

एक दिन राजा परीक्षित् अपने सैनिकों के साथ शिकार खेलने गया। वह अपने दल से आगे निकल गया और मुनि शमीक के आश्रम में जा पहुँचा। वे गहन ध्यान में थे। परीक्षित् को बहुत प्यास लगी थी। उसने किसी को पुकारा, पर कोई उत्तर नहीं आया। मुनि वहीं नेत्र मूँदे बैठे थे। परीक्षित् को वहीं एक मरा हुआ सर्प दिखा। उसने गुस्से और खीझ के मारे वह सर्प लकड़ी से उठाकर मुनि के गले में डाल दिया। उसे लगा कि वे ध्यान करने का दिखावा कर रहे थे। इसके बाद वह आश्रम से वापस आ गया। कुछ देर बार शमीक मुनि के बेटे शृंगी मुनि ने आकर देखा कि उसके पिता के गले में मरा हुआ सर्प लटक रहा था। स्पष्ट था कि किसी ने जानकर ऐसा दुःसाहस किया है। उसने शाप दे दिया, ''मेरे पिता के गले में मरा हुआ सर्प डालनेवाला सात दिन के भीतर सर्पदंश से ही मारा जाएगा।''

तब तक मुनि शमीक का ध्यान पूरा हो गया था। जब उन्हें यह पता चला तो उन्होंने कहा, ''पुत्र, तुम्हें सारी बात जाने बिना शाप नहीं देना चाहिए। दोनों पक्षों की बात सुननी चाहिए। जब तुम किसी को शाप देते हो तो इससे तुम्हारी शक्ति का भी क्षय होता है। हमें इस संसार को बेहतर बनाना है। शाप का उपयोग अपवाद के रूप में ही करना चाहिए।''

मुनि शमीक ने पूछताछ की तो राजा परीक्षित् के आने के बारे में पता चला। उन्होंने उसी समय अपने शिष्यों को राजा के पास भेजा, ताकि वे उसे उसकी भावी मृत्यु एवं शाप के बारे में बता सकें और वह सावधान हो जाएँ।

इस दौरान राजा परीक्षित् को पहले ही अपने किए पर पछतावा हो रहा था। उसके हाथों एक ऋषि का अपमान हुआ था।

जब शिष्यों ने उसे शाप के बारे में बताया तो वह शांत हो गया। अपना

राज्य कुमार जनमेजय को सौंप दिया और बाकी बचे दिन दान देने और अपने पूर्वजों तथा भगवान् विष्णु की कथाएँ सुनने में बिताने का निर्णय लिया। उसने वेद व्यासजी के पुत्र शुक मुनि से प्रार्थना की कि वे उसे कथाएँ सुनाएँ।

परीक्षित् के मंत्री अपने राजा को बचाना चाहते थे। इस तरह उन्हें एक उपाय सूझ गया। उन्होंने रातोरात गंगा नदी के किनारे एक लंबा स्तंभ बनवाया। उस पर परीक्षित् के रहने के लिए छोटा सा कक्ष था। घर के आसपास दरबानों का पहरा था और किसी भी वस्तु या व्यक्ति का प्रवेश वर्जित था।

परीक्षित् ने तो शाप को स्वीकार लिया था और उसे पता था कि यह होकर रहेगा। वह अपनी मौत के लिए तैयार था। उसने मंत्रियों के आग्रह पर अंतिम समय उस स्थान पर बिताने की हामी भर दी।

इस दौरान शुक मुनि जो कथाएँ सुनाते रहे, वे भागवत् के नाम से जानी गईं और यह पाठ लगभग छह दिनों में पूरा होता है।

सातवें दिन किसी अतिथि ने राजा के लिए फलों की टोकरी भेजी। जब राजा ने फल काटा तो उसमें से छोटा सा कीड़ा बाहर निकल आया। कुछ ही क्षण में वह एक विषैले सर्प में बदल गया और राजा को काट लिया। परीक्षित् उसी समय मारा गया। वह सर्प तक्षक था—सर्पों का राजा, जिसने पांडवों से अपना प्रतिशोध ले लिया था। पांडवों ने खांडवप्रस्थ वन को आग लगाकर, उसके सारे परिवार को जो भस्म किया था।

□

प्रतिशोध चक्र

बहुत समय पहले एक मुनि हुआ करते थे। उनका नाम था, जरत्कारु। वह अपने तप के लिए इतने समर्पित थे कि आजीवन किसी भी प्रकार के भावात्मक मोह में उलझना नहीं चाहते थे।

एक दिन मुनि को एक स्वप्न आया। उन्होंने देखा कि उनके पूर्वज उनसे कह रहे थे, ''जब तक तुम्हारे यहाँ संतान नहीं होगी, तब तक हमें शांति नहीं मिल सकती। तुम अपने वंश को आगे लेकर चलो, यह तुम्हारे लिए अनिवार्य है।''

जरत्कारु बेमन से राजी हुए, परंतु उन्होंने एक शर्त भी रखी—''यदि आप चाहते हैं कि मैं विवाह करूँ, तो मेरी शर्त है कि में ऐसी युवती से विवाह करूँगा जिसका नाम भी वही होगा, जो मेरा नाम है।'' संभवतः मुनि को लगा कि उनकी शर्त पूरी नहीं हो सकेगी।

उन्हें कहाँ पता था कि एक दिन यह शर्त भी पूरी हो जाएगी।

उन दिनों बड़ी तेजी से संसार में सर्पों की संख्या बढ़ती जा रही थी। वे इतने निर्भीक हो गए थे कि मनुष्यों के प्राण लेने में भी संकोच नहीं करते थे। बहुत से लोग घबराकर कश्यप मुनि की शरण में आए। उन्होंने सबको दिलासा दी कि वे जल्दी ही कोई हल खोज लेंगे।

मुनि ने लंबे समय तक ध्यान किया और उनके ध्यान के प्रभाव से मंसा नामक पुत्री ने जन्म लिया। मंसा शिव और विष्णु की परम उपासिका थी। उसने अनेक तप किए और आगे चलकर 'जरत्कारु' के नाम से जानी गई। विष्णु

ने उसकी भक्ति से प्रसन्न होकर उसे नाम प्रदान किए—नागेश्वरी, आस्तीक माता और विषहरा। इन नामों को जपनेवाला सर्पों से सुरक्षित रह सकता था।

एक दिन मुनि जरत्कारु वन में यात्रा कर रहे थे। उनकी भेंट सर्पराज से हुई जो मुनि कश्यप के पुत्रों में से थे नागराज वासुकि ने उन्हें अपने घर में विश्राम के लिए आमंत्रित किया। मुनि उनके घर चले गए और वहाँ उनकी भेंट वासुकि की बहन जरत्कारु से हुई।

मुनि जानते थे कि अब उन्हें अपने पूर्वजों को दिया वचन निभाना होगा। उन्होंने यह बात वासुकि को बताई। अब वासुकि भी यह भविष्यवाणी कर चुके थे कि उनकी बहन की संतान उनके वंश की रक्षक होगी। उन्होंने इस संबंध के लिए हामी भर दी। इस तरह जरत्कारु और जरत्कारु का विवाह संपन्न हुआ। उनके यहाँ जिस संतान ने जन्म लिया, उसे 'आस्तीक' नाम दिया गया।

हस्तिनापुर में जब महाराज परीक्षित् की मृत्यु हो गई तो उनके अल्पायु पुत्र जनमेजय को राज सिंहासन पर बिठा दिया गया। मंत्री सारे राज-काज की देखरेख करने लगे। जनमेजय अपने पूर्वज पांडवों की तरह ही लोकप्रिय थे।

एक दिन वैशंपायन नामक मुनि राजा से भेंट करने आए। जनमेजय ने उनसे आग्रह किया कि वे उन्हें उनके पिता के विषय में सारी जानकारी दें। तभी राजा को अपने पिता परीक्षित् की मृत्यु का सत्य मालूम हुआ।

जनमेजय को बहुत गुस्सा आया। उन्होंने कहा, "मैं एक सर्पयज्ञ का आयोजन करूँगा और वह यज्ञ इतना शक्तिशाली होगा कि संसार भर के शक्तिशाली सर्प उसकी ओर खिंचे चले आएँगे। वे इस यज्ञ की अग्नि में जल-जलकर मरेंगे।"

यज्ञ का समाचार चारों ओर फैल गया। भयभीत सर्प वहाँ से भागने लगे। पर जब यज्ञ का आरंभ हुआ तो वे उसकी ओर खिंचे चले आए और अपने प्राण देने लगे। कुछ बचे हुए सर्पों ने जरत्कारु की शरण ली, जो नागेश्वरी कहलाती थीं।

उन्होंने अपने पुत्र आस्तीक मुनि को जनमेजय के पास भेजा, ताकि वह उन्हें यज्ञ रोकने के लिए मना सकें।

आस्तीक ने जाकर देखा कि किस तरह यज्ञ की अग्नि में सर्प स्वयं अपनी आहुति दे रहे थे। हालाँकि जनमेजय तक्षक को अपना निशाना बनाना चाहता था। राजा ने मुनियों से कहा कि वे अपनी शक्ति से तक्षक का पता करें।

आस्तीक ने कहा, ''मैं जानता हूँ कि वह कहाँ छिपा है।''

''मुझे बताइए?''

''वह स्वर्ग में देवराज इंद्र के महल में छिपा हुआ है।''

जनमेजय कुछ विचार करने लगे और फिर बोले, ''हमें तक्षक के साथ-साथ इंद्र को भी बुलाना चाहिए। तब तक्षक के पास यहाँ आने के सिवा कोई चारा नहीं रहेगा।''

ज्यों ही सारे मुनि मंत्र-जाप करने लगे, राजा ने आस्तीक से कहा, ''आपने मेरे शत्रु को मुझ तक पहुँचाया है। मैं अपनी ओर से आपको कुछ देना चाहता हूँ।''

आस्तीक हामी भरकर शांत हो गए।

कुछ घंटों बाद देवराज इंद्र मंत्र-जाप से यज्ञ की ओर खिंचे चले आए। वे तक्षक के साथ स्वर्ग से उतर रहे थे।

जब तक्षक ने विशाल अग्नि को देखा तो उसने अपने मित्र इंद्र को थामना चाहा, परंतु वह यज्ञ की अग्नि की ओर खिंचा चला जा रहा था।

जब वह अग्नि में गिरने ही वाला था तो आस्तीक चिल्लाया, ''हे बलशाली राजा! तुम मुझे कुछ देना चाहते थे। मैं तुमसे यही चाहता हूँ कि इस यज्ञ को यहीं रोक दो।''

''मुझसे इसके सिवा कुछ भी माँग लें।''

''मैं और कुछ नहीं चाहता, यही मेरी इच्छा है।''

राजा अपने वचन का पालन करनेवालों में से थे। उन्हें आस्तीक की बात माननी पड़ी और इस तरह तक्षक बाल-बाल बचा।

अब आस्तीक ने अपना असली रूप दिखाया। वे भी एक सर्प थे। उन्होंने कहा, ''हे राजा! मुझे पता है कि आप तक्षक से क्रुद्ध हैं; पर इसके लिए आपके पूर्वज भी दोषी हैं। उन्होंने ही खांडवप्रस्थ में आग लगा कर सारे

सर्पों को भस्म कर दिया था। तभी तो सर्पों ने प्रतिशोध लेने के लिए तक्षक को भेजा, ताकि आपके पिता को मारा जा सके। अगर आप भी इसी तरह ये वध करते रहे तो आपकी संतान के लिए फिर से एक नया प्रतिशोध तैयार हो जाएगा। मैं आपसे इस हिंसा को रोकने का आग्रह करता हूँ। किसी एक सर्प को मारने के लिए सभी सर्पों को न मारें।''

जनमेजय शांत हो गए।

आस्तीक ने कहा, ''इस संसार में जो भी जनमता है, वह मृत्यु को प्राप्त होता है। आपके पिता को तो वैसे भी एक दिन मरना था; परंतु वे प्रतिशोध की अग्नि में जलकर मरे। अपने पूर्वजों से सीख लें, महाभारत के युद्ध से किसी को कुछ नहीं मिला। युद्धों के बाद अनाथ बच्चों और विधवाओं के सिवा कुछ नहीं बचता। आप पहले ही बहुत सर्पों को मार चुके हैं। अब शांत हो जाएँ।''

राजा को आस्तीक के शब्दों में छिपे विवेक का एहसास हुआ और उन्होंने नाग वंश के साथ अपनी शत्रुता को समाप्त कर दिया।

कहते हैं, भारत के कुछ हिस्सों में सर्पों को परे हटाने और रात के अँधेरे में उनसे रक्षा के लिए उन्हें 'आस्तीक' का वास्ता दिया जाता है।

□

पारिभाषिक शब्दावली

अश्वमेध यज्ञ : यह एक प्रकार का अनुष्ठान है, जिसमें राजा के अश्व को एक वर्ष के लिए यों ही भटकने के लिए छोड़ दिया जाता है। अश्व जहाँ भी जाता है, उस स्थान के राजा को अश्व के स्वामी की अधीनता स्वीकार करनी पड़ती है या वह उस राजा को चुनौती देता है। यह यज्ञ बहुत से राजाओं द्वारा संपन्न किया जाता था। दरअसल, यह 1743 से भी पहले से संपादित होता आ रहा है। यदि आप आंध्र प्रदेश के नागार्जुनकोंडा द्वीप संग्रहालय में जाएँ तो आप वहाँ एक ऐसे ही यज्ञ का स्थल देख सकते हैं। इसे लगभग 1700 वर्ष पूर्व इक्ष्वाकु वंश द्वारा बनवाया गया था।

अरणी : एक प्रकार का ईंधन

गंधर्व : स्वर्गिक जीव

कमंडलु : एक छोटा जल पात्र

मनस् : मन से

शकुंत : पक्षी

श्राद्ध : मृतक पूर्वजों के लिए किया जानेवाला अनुष्ठान

विष्णु शालिग्राम : भगवान् विष्णु का प्रतिनिधित्व करनेवाला पाषाण

यज्ञ-पुरुष : पवित्र अग्नि से उत्पन्न जीव

यक्ष : एक प्रकार की स्नेही आत्मा या जीव।

□

चंद्र वंश

वैवस्वत मनु	श्रद्धा	चंद्र	
सुद्युम्न	इला	बुध	
		पुरूरवा	
वृहद्रथ	देवयानी	ययाति	शर्मिष्ठा
जरासंध	यदु	ध्रुयु	
उग्रसेन	दुष्यंत	शकुंतला	
अस्ति	प्राप्ति	कंस	देवकी
वासुदेव	भरत		
सहदेव	कृष्ण		
सांब	गंगा	शांतनु	सत्यवती
पराशर	प्रद्युम्न	देवव्रत	
विचित्रवीर्य	अंबिका	अंबा	अंबालिका
चित्रवीर्य			
व्यास	वाटिका		
गांधारी	धृतराष्ट्र	कुंती	पांडु
विदुर	शुक		
दुर्योधन–99 कौरव	दु:शला	सूर्य कुंती	पांडु माद्री

लक्ष्मणा लक्ष्मणकुमार कर्ण

द्रुपद वृषकेतु

धृष्टद्युम्न द्रौपदी युधिष्ठिर

नकुल सहदेव

(पाँच पांडवों की

पत्नी) चित्रांगदा

उलूपी अर्जुन

सुभद्रा बलराम

रेवती

शिखंडी हिडिंबा भीम बभ्रुवाहन उत्तरा अभिमन्यु शशिरेखा

घटोत्कच

पुनर्जन्म बर्बरीक परीक्षित्

पुरुष जनमेजय

स्त्री

□□□